Das SOS-Elternbuch

Stanley Shapiro

Das SOS-Elternbuch

Auf einen Blick:
wirksame Lösungen für die häufigsten
Erziehungsprobleme im Alltag

Aus dem Englischen von Matthias Reiss

Scherz

Für Sheila Shapiro und Julia und Rebecca Skinulis

Die Originalausgabe erschien 1997 unter dem Titel
«Parent Talk» bei Stoddart Publishing, Toronto.

Dritte Auflage der Sonderausgabe 2002
Copyright © 1997 by Stanley Shapiro, Karen Skinulis
and Richard Skinulis
Alle deutschsprachigen Rechte
beim Scherz Verlag, Bern, München, Wien.
Alle Rechte der Verbreitung, auch durch Funk,
Fernsehen, fotomechanische Wiedergabe,
Tonträger jeder Art und auszugsweisen
Nachdruck, sind vorbehalten.
Umschlaggestaltung: Elisabeth Petersen, München,
unter Verwendung eines Dias der Bildagentur Mauritius, Mittenwald

INHALT

Vorwort   9
Eine Botschaft für gestresste Eltern   11

Wenn Kinder einen ärgern ...
1   *Trödelei* – Wenn Ihr Kind zur Schnecke wird   23
2   *Tyrannisches Auftreten* – Dschingis Khan junior   27
3   *Wutausbrüche* – Junior geht in die Luft   32
4   *Fluchen* – «Verpiss dich, Alter!»   37
5   *Mogeln* – Wenn Ihr Kind zwei Gesichter hat   40
6   *Weinen* – Die Macht des Wassers   45
7   *Unaufhörliches Reden* – Die Quasselkinder   48
8   *Lügen* – «Die Lampe ist von ganz alleine umgefallen,
     ehrlich!»   52
9   *Waghalsiges Verhalten* – «Guck mal, Mama!
     Ganz ohne Arme!»   56
10   *Stehlen* – Wenn Ihr Kind anfängt zu klauen   61
11   *Schmollen* – Der stille Ärger   66
12   *Widerworte* – «Ich will aber nicht ins Bett gehen!»   70
13   *Weinerlichkeit* – Wenn Ihr Kind jammert   74
14   *Zu viel Fernsehen* – Die TV-Zombies   77

Die Macht der Gewohnheit
15   *Körperpflege* – «Waschen macht keinen Spaß!»   83
16   *Dumme Angewohnheiten* – Daumenlutscher & Co   87
17   *Probleme mit der Sauberkeitserziehung* –
     Der weite Weg zum Klo   91
18   *Auseinandersetzungen um die Kleidung* –
     «Nicht schon wieder diese alten Jeans!»   95

19 *Das unordentliche Zimmer –*
Chaoszone Kinderzimmer   100
20 *Unordnung im Haushalt –* Die Häufchenmacher   104

Mit Ängsten umgehen

21 *Irrationale Ängste –* Das Monster unter dem Bett   111
22 *Angst vor Versagen –* «Mama, das schaffe ich nicht!»   116
23 *Schüchternheit –* Macht, die als Passivität
daherkommt   120

Wie man lernt, Verantwortung zu übernehmen

24 *Vergesslichkeit –* «Hat jemand meinen Kopf gesehen?»   127
25 *Probleme beim Umgang mit Geld –*
«Mama, mein Taschengeld ist alle!»   130
26 *Drückebergerei vor der Hausarbeit –*
«Abwaschen ist doof!»   135

Fünf Minuten streiten

27 *Einschüchterungen –* «He, du Vollidiot,
gib mir mal 'ne Mark!»   143
28 *Rangeleien mit Freunden –* «Gib das sofort her!»   147
29 *Streitereien unter Geschwistern –* Mit dem Feind leben   152
30 *Streit mit den Eltern –* «Ich erhebe Einspruch,
Euer Ehren!»   158

Rund um die Schule

31 *Fehlverhalten in der Schule –* Manege frei
für die Klassenclowns   165
32 *Kämpfe um die Hausaufgaben –* «Hausaufgaben?
Hab ich vergessen!»   170
33 *Zu spät zur Schule –* Wie man die Kinder
aus dem Haus bekommt   174
34 *Schlechte Noten –* Die gefürchteten Zeugnisse   179
35 *Ärger mit dem Lehrer –* «Ich kann die Lehrerin
nicht ausstehen!»   184

36 *Weigerung, zur Schule zu gehen* – «Da kriegst du mich
nicht hin!» 187
37 *Schwierigkeiten, Freunde zu finden* – Liebe kann
man nicht kaufen 191

Am Esstisch
38 *Tischmanieren* – «Hör auf, mit den
Fleischbällchen herumzukleckern!» 197
39 *Der mäklige Esser* – Angst vor Brokkoli 201
40 *Das übergewichtige Kind* – Zu viel des Guten 206

Zeit zum Schlafengehen
41 *Die Erstürmung des elterlichen Betts* –
Nachts werden müde Kinder munter 213
42 *Bettnässen* – Die Kälte der Nacht 217
43 *Das Kind will nicht schlafen* –
«Das Sandmännchen ist doof!» 220

Draußen in der Öffentlichkeit
44 *Das ewige «Gib mir…»* – Das bettelnde Kind 227
45 *Wutanfälle in der Öffentlichkeit* – Ein Schauspiel
im Einkaufszentrum 231
46 *Autofahrten* – «Sind wir endlich da?» 235

Jenseits der Kernfamilie
47 *Die Großeltern* – Wenn die Enkel verwöhnt werden 241
48 *Die Nachbarn* – Das Feindesland
hinterm Gartenzaun 244
49 *Allein erziehende Eltern* – Wenn Schuldgefühle
nicht ausreichen 248
50 *Stiefeltern und Stieffamilien* – Aschenputtels Fluch 253

Liebe allein reicht nicht 256

VORWORT

Die Erziehung unserer Kinder ist die wichtigste Aufgabe, die wir im Leben haben; doch nur wenige von uns sind dafür ausgebildet. Es wird gewissermaßen unterstellt, dass wir mit dem Wissen über Kindererziehung auf die Welt kommen – wie man mit ihnen umgeht, wenn sie sich unkooperativ verhalten, wie wir ihre Bedürfnisse mit unseren eigenen in Einklang bringen und wie wir sicherstellen, dass aus ihnen glückliche, dem Leben gewachsene Menschen werden. Doch wie bei jeder anderen Fähigkeit ist das Erziehen einfacher, wenn man einige grundlegende Techniken erlernt und sie sorgsam und konsequent anwendet. Das *SOS-Elternbuch* wird Ihnen dabei helfen, genau das zu tun.

Wir haben dieses Buch geschrieben, um Sie bei den Problemen zu unterstützen, die Sie jeden Tag in der Beziehung zu Ihren Kindern erleben, gleichgültig, ob Sie nur ein paar Kleinigkeiten verbessern wollen oder mit Ihrer Weisheit am Ende sind. Wir haben das Buch als leicht verwendbaren Ratgeber konzipiert, wo man auf einen Blick Hilfe findet, wenn ein Problem auftritt. Das *SOS-Elternbuch* ist vor allem ein praktisches Buch, und wir haben so viele praktische Beispiele und Tipps wie möglich eingearbeitet – alles, angefangen vom Bettnässen über Machtkämpfe bis zu schlechten Noten und Wutanfällen in der Öffentlichkeit. Wir haben uns auch bemüht, ein heiteres Buch zu schreiben; denn es ist schon viel gewonnen, wenn man in Krisensituationen seinen Sinn für Humor bewahrt.

Die Strategien und Techniken in diesem Buch sind in Hunderten von Elterngruppen und in der Praxis der Familienberatung erprobt und überprüft worden. Wir wissen, dass sie funktionieren. Die Vorstellungen und Konzepte, die hinter der zugrunde liegenden Theorie stecken, gehen auf vielerlei Quellen zurück, die wichtigste von ihnen ist Rudolf Dreikurs (1897–1972). Wir empfehlen Ihnen, seine Bücher und die anderer Erziehungsexperten zu lesen und sich – falls nötig – an eine Erziehungsberatungsstelle zu wenden. Die Adressen erhalten Sie über das Sozial- oder Jugendamt oder finden Sie im Telefonbuch.

Wir möchten gerne den vielen Familien danken, die ihre Erlebnisse, ihre Beobachtungen und ihre Erziehungstechniken über all die Jahre hinweg mit uns geteilt haben.

EINE BOTSCHAFT FÜR GESTRESSTE ELTERN

Sie lesen dieses Buch, weil Sie Ärger mit Ihrem Kind haben und wissen wollen, wie man ihn beheben kann. Im *SOS-Elternbuch* sprechen wir fünfzig der gängigsten Probleme mit Kindern an, daher finden Sie höchstwahrscheinlich ein Kapitel, das Ihnen für Ihr momentanes Problem einen klaren, knappen und praktischen Rat gibt. Sie sollten jedoch auch wissen, dass sich fast alle Probleme der Kindererziehung – nicht nur die, die in diesem Buch erwähnt werden – dadurch lösen lassen, dass man die folgenden grundlegenden Prinzipien beachtet:

1. Verstehen Sie die Beweggründe, warum Ihr Kind dieses Verhalten zeigt. Welches Ziel verfolgt es oder auf welchen Nutzen ist es aus?
2. Lassen Sie zu, dass die Kinder die Folgen ihrer eigenen Entscheidungen erleben.
3. Behandeln Sie Kinder mit Respekt, ganz gleichgültig, wie respektlos deren eigenes Verhalten sein mag.
4. Ermutigen Sie Ihre Kinder. Tun Sie, was Ihnen möglich ist, um bei Ihren Kindern die Selbstachtung zu fördern.

Diese Grundideen möchten wir Ihnen hier kurz erläutern. Um den größten Nutzen aus diesem Buch zu ziehen, sollten Sie sich erst nach dieser Lektüre der Lösung einzelner Probleme zuwenden.

Die Ziele: Warum Kinder sich unkooperativ verhalten

Alle Eltern, die ihren Sohn dabei beobachtet haben, wie er seine Schwester zum x-ten Mal mit aller Kraft verhaut, obwohl er genau weiß, dass er damit in Schwierigkeiten kommt, stellen sich dieselbe Frage: «Warum tut er das?»

Die Antwort ist eigentlich ganz einfach – um eines von vier Zielen zu erreichen: Das Kind möchte entweder die Aufmerksamkeit auf sich lenken, seinen Willen durchsetzen (Macht), sich an den Eltern rächen oder seine Unzulänglichkeit demonstrieren. Erreichen Kinder ihr Ziel – indem sie ihr Essen verweigern oder den Nachbarn mit Äpfeln bewerfen, oder indem sie die Schlafenszeit zur Hölle auf Erden machen –, dann werden sie es immer wieder tun, gleichgültig, welche Strafen Sie sich einfallen lassen. Mit anderen Worten, Kinder verhalten sich unkooperativ, nicht trotz dessen, was wir als Eltern tun, sondern gerade deswegen.

Unangebrachte Aufmerksamkeit

Dieses Kind kommt sich nur wichtig vor, wenn es im Zentrum der Aufmerksamkeit ist, selbst wenn diese Aufmerksamkeit darin besteht, dass jemand wutentbrannt damit droht, es für den Rest des Tages aus dem Verkehr zu ziehen. Das kann daran liegen, dass das Kind vernachlässigt wurde oder (was häufiger geschieht) dass ihm in frühem Alter zu viel Aufmerksamkeit geschenkt wurde. Nach einer gewissen Zeit können diese Kinder ohne Aufmerksamkeit nicht mehr leben, und unkooperatives oder unangemessenes Verhalten ist eine der todsicheren Methoden, um Aufmerksamkeit zu bekommen. Nervt Ihre Tochter Sie, denken Sie ständig: «Wenn sie mir nur nicht dauernd unter die Augen käme» und hört das Verhalten auf, wenn Sie sie anschreien, dann ist ihr Ziel vermutlich, Aufmerksamkeit zu bekommen. Die Lösung besteht darin, Ihrem Kind Aufmerksamkeit zu widmen, wenn sein Verhalten für andere Menschen akzeptabel ist, und es zu ignorieren, wenn das nicht der Fall ist. Damit können Sie ihm das unangebrachte Heischen nach Aufmerksamkeit ganz abgewöhnen.

Macht

Diesem Kind kommt es nur darauf an zu gewinnen – *was* es gewinnt, ist nicht so wichtig. Es kommt sich nur wichtig vor, wenn es entweder eine Anweisung ignorieren kann oder Sie dazu bringt, einem seiner eigenen Wünsche zu gehorchen. Kommen in Ihnen während der Auseinandersetzung mit dem Kind Ärger und Enttäuschung auf, ignoriert Ihr Kind sämtliche Zurechtweisungen, und laufen Sie mit dem Gedanken im Kopf herum «Ich werde ihm schon zeigen, wer hier der Boss ist», dann hat Ihr Kind es auf Macht abgesehen. Sie müssen sein Bedürfnis, sich durchzusetzen und alles im Griff zu haben, in ein Bedürfnis verwandeln, der Familie zu helfen. Kämpfen Sie nicht mit Ihrem Kind. Fragen Sie es nach seiner Meinung. Lassen Sie es zu seiner Entscheidung werden, den Abfall zur Mülltonne zu bringen.

Rache

Das rachsüchtige Kind fühlt sich von seinen Eltern abgelehnt, und es möchte sie verletzen. Das kann direkt nach einem Machtkampf geschehen, in dem die Eltern Strafe einsetzen, um den Kampf zu gewinnen. Fühlen Sie sich verletzt, haben Sie negative Gefühle Ihrem Kind gegenüber und fragen Sie sich «Wie kann er/sie mir das antun?», dann ist es Rache. Die Lösung ist die, dass man seinem Kind ganz viel Liebe und Zuneigung zukommen läßt, statt es zu bestrafen und ihm eine Standpauke zu halten. Arbeiten Sie daran, die angekratzte Beziehung wiederherzustellen.

Selbst unterstellte Unzulänglichkeit

Das Kind glaubt, dass es nicht viel kann, und sieht deshalb nicht viel Sinn darin, es zu versuchen. Es ist entmutigt, kann aber paradoxerweise auch äußerst ehrgeizig sein (eine tödliche Mischung). Um zu verhindern, dass sie irgendetwas Neues ausprobieren sollen, müssen diese Kinder alle anderen davon überzeugen, dass sie unfähig sind. Ihr Ziel läßt sich in einem oft vernehmbaren Satz zusammenfassen: «Lass mich in Ruhe!»

Merken Sie, dass Sie aufgegeben haben, Ihrem Kind irgendetwas beizubringen oder etwas von ihm zu erwarten, dann können Sie sicher sein, dass sein Ziel das Dokumentieren der eigenen Unzulänglichkeit ist. Die Lösung besteht darin, dass Sie ihm viel Mut zusprechen, um seine Selbstachtung zu stärken.

Die beste Strategie bei allen unkooperativen oder unangemessenen Verhaltensweisen ist zu verhindern, dass sich dieses Verhalten für die Kinder lohnt. Als Eltern müssen Sie lernen, Ihren Ärger zurückzuhalten und liebevoll zu bleiben, auch wenn die Kinder Ihnen auf die Nerven gehen. Achten Sie darauf, dass Sie vom Tonfall her freundlich bleiben. Das ist leicht gesagt und für die meisten von uns nach einem hektischen Tag schwer durchzuhalten. Tatsache ist, dass Kinder sich meist unbewusst so verhalten, wie sie es tun. Dieses Wissen sollte Ihnen helfen, Ihre Nerven zu behalten. Die meisten Eltern reden auch zu viel, wenn ein Problem auftritt, als könnten sie mit Hilfe der Logik beweisen, dass sie Recht haben. Reden Sie weniger und handeln Sie mehr.

Ihre Strategie: Zeigen Sie die Konsequenzen auf

Die Tatsache, dass auf fast jede menschliche Handlung eine Konsequenz folgt, ist das Beste, was Eltern passieren kann. Was Kinder angeht, gibt es zwei Arten von Konsequenzen: natürliche und logische.

Natürliche Konsequenzen
Wie der Name schon sagt, sind dies die Dinge, die auf natürlichem Wege geschehen, wenn Ihre Kinder etwas tun oder es nicht tun. Es passiert, ohne dass Sie eingreifen.

Zum Beispiel:
Wenn man sein Essen nicht isst, wird man hungrig.
Wenn man auf dem Weg zur Schule keine Jacke anhat, friert
man sich den Po ab.
Wenn man seine Puppe draußen im Regen liegen läßt, geht
sie kaputt.

Logische Konsequenzen
Manchmal sind die natürlichen Folgen bestimmter Handlungen zu gefährlich oder zu unangemessen, so dass Sie Ihren Kindern schon mit Konsequenzen kommen müssen, die in einem logischen Zusammenhang mit dem Verhalten stehen, das Sie zu korrigieren versuchen. Eltern leiten diese Konsequenzen in die Wege, um Kindern zu zeigen, dass ihr Handeln Auswirkungen hat und dass sie selbst für ihr Verhalten verantwortlich sind.

Zum Beispiel:
«Wenn du nicht aufhörst, mitten auf der Straße zu spielen, musst du im Haus bleiben.»
«Wenn du nicht bald fertig wirst, damit wir zu Oma gehen können, kannst du nicht mitkommen.»
«Wenn du im Einkaufszentrum vor Hunderten von Zuschauern ausrastest, musst du nach Hause und darfst nicht mehr mitkommen, bis du dich anständig benehmen kannst.»

Damit natürliche und logische Konsequenzen wirken können, muss man sich an folgende Regeln halten:

1. Die Konsequenz muss im Zusammenhang mit dem Verhalten stehen.
2. Wann immer es möglich ist, müssen unterschiedliche Entscheidungsmöglichkeiten angeboten werden.
3. Das Kind muss wissen, dass es immer eine zweite Chance hat.

4. Ihre Haltung muss ruhig und Ihr Ton freundlich sein. Wenn Sie das Gefühl haben, dass Sie ärgerlich werden, ist das kein guter Zeitpunkt, um logische Konsequenzen festzulegen.

Respekt statt Bestrafung

Bestrafung unterscheidet sich in subtiler, aber ganz bedeutsamer Hinsicht von Konsequenzen. Während Konsequenzen in einem unmittelbaren Zusammenhang mit den Verhaltensweisen eines Kindes stehen, ist Bestrafung willkürlich: «Du darfst nicht fernsehen, weil du dein Essen nicht aufgegessen hast.» «Na klar», denkt sich das Kind, «du willst nur, dass ich leide.» Deshalb sorgt Bestrafung, obwohl sie für Eltern befriedigend sein kann (besonders wenn sie verärgert sind), nicht dafür, dass Kindern etwas beigebracht wird. Sie wissen nun, dass sie etwas nicht tun sollten, aber sie wissen nicht, warum sie es nicht tun sollten.

Das Schlimmste an der Bestrafung ist jedoch, dass sie sowohl entmutigend als auch respektlos ist. Mit einer Bestrafung sagen Sie Ihrem Kind, dass es etwas verkehrt gemacht und Sie enttäuscht hat; das ist entmutigend für das Kind. Die Respektlosigkeit geht von den Eltern aus, die ihrem Kind oft in erniedrigender Art und Weise ihren Willen aufnötigen. Selbst das, was manche Menschen als «kleinen Klaps auf den Po» bezeichnen, ist respektlos. Wir sind der Auffassung, dass man ein Kind mit demselben Respekt behandeln sollte, mit dem man auch selbst gerne behandelt werden möchte. Aus diesen Gründen glauben wir nicht an körperliche Bestrafung.

Eine weitere Gefahr der Bestrafung besteht darin, dass sie bei Ihrem Kind dazu führen kann, dass es Sie nicht mehr gern hat. Das kann zu einem Kampf zwischen zwei Menschen ausarten – mein Wille gegen deinen –, wohingegen beim wirksamen Einsatz von Konsequenzen das Kind und die momentane Situation betont werden.

Ermutigung zu einem besseren Selbstbewusstsein

Wir haben das Wichtigste an der elterlichen Erziehung bis zum Schluss aufgehoben. Ermutigung führt dazu, dass Kinder sich gut fühlen (auch wenn sie einen Fehler gemacht haben), Entmutigung dagegen erzeugt in ihnen das Gefühl, dass sie, was auch immer sie tun, nie gut genug sein werden.

Eine Methode, wie man mit Fehlverhalten und Versagen umgehen kann, besteht darin, das, was die Person gemacht hat, von der Person selbst zu trennen. Lässt Ihr Kind beispielsweise ein Glas Milch fallen, sagen Sie ihm nicht, wie unaufmerksam es war. Nehmen Sie stattdessen eine positive Haltung ein: «Oh, es gab Schwierigkeiten mit der Milch. Lass uns das aufwischen und es noch einmal versuchen.» Das macht ein möglicherweise entmutigendes Ereignis zu einer Lernerfahrung.

Wir können in allem, was wir tun, ermutigend sein. Der Unterschied zwischen einer ermutigenden und einer entmutigenden Aussage oder Handlung kann wirklich hauchfein und subtil sein. Er könnte beispielsweise im Unterschied zwischen den folgenden beiden Sätzen bestehen: «Das ist nicht schlecht, aber wenn du dies oder das tätest, wäre es prima» (entmutigend) und «Das sieht gut aus, anscheinend hast du wirklich einen Riesenspaß dabei gehabt» (ermutigend).

Demokratie in der Familie

Das autoritäre Zeitalter ist vorbei. Wir leben heute im Zeitalter der Demokratie, die Winston Churchill einmal als «das schlechteste System – mit Ausnahme aller übrigen Systeme» bezeichnet hat. Einige von uns brauchen eine Weile, um die Tatsache zu begreifen, dass die Menschen in unserer Gesellschaft sich auf soziale Gleichheit hin bewegen. Das ist besonders schwer, wenn es um Kinder geht. «Aber Kinder stehen nicht auf einer Stufe mit mir», fahren Sie vielleicht verärgert hoch. «Ich bin größer, klüger und habe viel mehr Erfahrung als sie.» Das stimmt alles. Aber Gleichheit heißt nicht, dass alle identisch sind. Bei uns allen sind Wissen, Erfahrung, Körperkraft und Fähigkeiten unterschiedlich stark ausgeprägt. Wenn wir uns die Idee der Gleichheit zu Eigen machen, haben wir Respekt vor allen Menschen und behandeln sie mit der Würde, die ihnen als Mitglieder der Gattung Mensch zusteht.

Der Schlüssel zum demokratischen Vorgehen ist in jedem Zusammenhang – und dazu gehören auch Erziehungsfragen – die gemeinsame Entscheidungsfindung. Das ist das Schwere daran. Fragen Sie alle Diktatoren: Es ist schwer, absolute Herrschaft aufzugeben. Aber wie können Ihre Kinder jemals wissen, auf welche Weise sie Probleme lösen oder aus ihren Fehlern lernen sollen, wenn Sie das alles für sie erledigen?

Wenn Sie Entscheidungen gemeinsam fällen und sie gemeinsam ausführen, dann führt das die Familie enger zusammen. Es wirft auch ein anderes Licht auf den ständigen Streit, der das Leben mancher Familien zu einer schlechten Fernsehkomödie – ohne die Lacher im Hintergrund – werden lässt. Doch dieser Vorgang der Entscheidungsfindung bedarf einer organisatorischen Form – die Familienkonferenz.

Die Familienkonferenz

Jeder, der einmal den Geburtstag eines seiner Kinder zu Hause gefeiert hat, weiß, wie nahe Kinder an eine vollständige und chaotische Anarchie herankommen können. Kinder brauchen eine Struktur. Sie tut ihnen gut. Sie bringt ihnen etwas zum Thema Ordnung bei und zeigt ihnen, wo ihre Grenzen sind. Die Familienkonferenz stellt die Struktur dar, die Kinder brauchen, bietet aber auch ein Forum für ihre Sorgen und Nöte. Es handelt sich auch um eine gerechte Methode, um Familienstreitigkeiten zu schlichten, bei der die streitenden Parteien nicht auf Konfrontationskurs gehen müssen. Das ist unendlich viel besser als das Tauziehen zwischen Kindern und Eltern oder die Geschwisterrivalitäten, die das Leben vieler Familien belasten.

Diese Sitzungen sollten regelmäßig abgehalten werden – etwa jeden Samstag nach dem Mittagessen oder zu irgendeiner anderen Zeit, die allen passt. Im Folgenden finden Sie einige Tipps zu diesem Thema:

- Sorgen Sie dafür, dass immer alles auf die Tagesordnung kommt, damit kein Problem unter den Tisch gekehrt wird.
- Lassen Sie den Vorsitz reihum gehen, damit die Kinder nicht das Gefühl bekommen, Sie hätten dafür gesorgt, dass ihre Chancen gleich null sind.
- Beginnen Sie mit dem, «was gut gelaufen ist», damit das Ganze nicht zur Meckersitzung wird.
- Diskutieren Sie die Themen so lange, bis alle den neuen Regeln, Tagesordnungspunkten oder Plänen zustimmen oder man sich zumindest einig ist, dass man es ausprobieren sollte.
- Machen Sie allen klar, dass bei der nächsten Sitzung die Regeln wieder geändert werden können.

Die Kinder dazu zu bekommen, den Vereinbarungen zuzustimmen, erleichtert Ihr Leben, aber es ist nicht einfach. Dominieren Sie die Sitzungen nicht mit den «richtigen» (sprich «Ihren») Vorschlägen, sonst werden die Kinder bei diesem Vorgehen nie mitmachen. Teilen Sie stattdessen Ihre Beobachtungen zu Problemen im Haus mit, und stellen Sie Fragen, wie sie gelöst werden können, ohne dass Sie vorformulierte Antworten parat haben. Streben Sie Übereinstimmung an, nicht die Bildung von Mehrheiten. Springen Ihre Kinder erst einmal darauf an, werden Sie überrascht sein, wie ernst sie diese Sitzungen nehmen.

Ein Wort zur Aufmunterung

Denken Sie daran: Eltern sollten sich immer bemühen, etwas besser zu machen, und nicht, etwas perfekt zu machen. Konsequent angewandt werden Ihnen die prägnanten Strategien, die Sie in diesem Buch erlernen, gestatten, Probleme dann anzugehen, wenn sie auftreten, und Ihre Kinder dazu zu ermuntern, selbst an der Lösung mitzuarbeiten. Das wird Ihre Kinder nicht zu perfekten kleinen Engeln machen, aber es wird Ihrer Familie den Weg in eine viel angenehmere Zukunft ebnen.

Wenn Kinder einen ärgern

1 Trödelei

WENN IHR KIND ZUR SCHNECKE WIRD

Das Verhalten

Es ist immer wieder erstaunlich, ein Kind, das normalerweise mit einer sagenhaften Geschwindigkeit herumsaust, dabei zu beobachten, wie es sich plötzlich, wenn man in Eile ist, in eine Schnecke verwandelt. Die Eltern beeilen sich wie die Verrückten, alle dazu zu bekommen, dass sie sich anziehen, und haben dabei die Uhr im Auge, die dem fatalen Glockenschlag immer näher rückt. Die Kinder dagegen sind auf einmal von der Art und Weise fasziniert, wie der Teppich gewebt ist, oder von etwas, was sie gerade aus ihrer Nase hervorgeholt haben. Und das passiert nicht nur, wenn es Zeit ist, sich für die Schule fertig zu machen. Kinder können aus einem Spaziergang von zwanzig Minuten eine zweistündige Erkundungsreise machen, bei der sie jede Raupe und jede Pfütze, auf die sie stoßen, genauestens betrachten.

Warum Kinder das tun

Manchmal passiert es absichtlich – eine Möglichkeit für Kleinkinder, ihre Unabhängigkeit hervorzuheben –, während es ein andermal ganz unschuldig geschieht. In Wirklichkeit handelt es sich bei den meisten Trödeleien überhaupt nicht um ein Fehlverhalten. Die Langsamkeit hängt eher mit der Tatsache zusammen, dass Kinder ein anderes Zeitempfinden haben als Erwachsene. Kinder leben in der Gegenwart. Die Trödelei wird nur unangenehm, wenn sie es tun, um Aufmerksamkeit zu bekommen, oder weil sie der Meinung sind, man setze ihnen zu, damit sie sich beeilen.

Ihre Reaktion

Gewöhnlich besteht das Resultat all dieser Trödelei darin, dass Sie sich gezwungen sehen, entweder den übellaunigen Gefängnisaufseher zu spielen oder Ihr Leben vom Rhythmus eines Achtjährigen bestimmen zu lassen. Wie können Sie Ihre Kinder in Bewegung bringen, ohne Zuflucht zu nehmen zu endlosen Wiederholungen von «Beeil dich!» «Lass uns gehen!» «Wir sind spät dran!»?

Ihre Strategie

Planen Sie im Voraus. Schubsen Sie Ihr Kind nicht von hinten.

Was Sie zuerst versuchen sollten

Sehen Sie den Tatsachen ins Auge: Sie sind hier die Einzige, der etwas daran liegt, dass Sie rechtzeitig das Haus verlassen. Um das zu erreichen, müssen Sie realistisch sein und zwanzig Minuten vorher damit anfangen, fertig zu werden, und nicht fünf Minuten vorher.

Praktische Tipps

Sorgen Sie dafür, dass Sie ein Vorbild sind, indem Sie zuerst in die Gänge kommen. Bauen Sie sich nicht vor Ihrem Kind auf und drängen Sie es nicht mit «Schnell, beeil dich». Sagen Sie es einmal, ziehen Sie Ihren Mantel an und machen Sie die Tür auf. Sagen Sie Ihrem Kind, dass Sie im Auto warten. Jemand, der im Wagen wartet, hat eine überraschend magnetische Wirkung auf die Person, die da im Haus vor sich hin trödelt.

Dies sind alles bekräftigende Verhaltensweisen, durch die Ihr Kind vermittelt bekommt, dass es gerade dabei ist, allein zurückzubleiben. So ist es aufgefordert, selbst etwas zu ändern. Handelt es sich um ein kleineres Kind, lassen Sie ihm die Wahl: «Möchtest du rausgehen oder möchtest du, dass ich dich trage?»

Trödelt das Kind absichtlich und bewegt es sich untypisch langsam vorwärts, rebelliert es normalerweise dagegen, durch Ihr ständiges Geschimpfe unter Druck gesetzt zu werden. Aufforderungen, es solle sich beeilen, haben daher nur den gegenteiligen Effekt.

Lassen Sie Ihr Kind Erfahrungen damit machen, welche Konsequenzen es nach sich zieht, wenn es zu spät kommt. Nehmen Sie sich keine Zeit für eine Gute-Nacht-Geschichte, oder sorgen Sie dafür, dass das Kind in der Schule nachsitzen muss.

Sagen Sie Ihrem Kind, dass Sie in zehn Minuten gehen, und bleiben Sie dabei, damit es weiß, dass Sie es mit Ihren Terminen ernst meinen.

Vermitteln Sie Ihren Kindern ein ausgeprägtes Pflichtbewusstsein, wozu entscheidend auch Pünktlichkeit gehört. Zeigen Sie ihnen, wie nützlich es ist, um soziale Beziehungen aufzubauen: mit dem Lehrer, den Freunden, dem Fußballtrainer, den Großeltern und mit allen anderen Personen, mit denen sie zu tun haben.

Führt man konsequent Rituale ein, kann das ebenfalls dazu beitragen, die Trödelei zu reduzieren, vor allem zur Schlafenszeit und morgens – beides sind die bevorzugten Zeiten zum Trödeln (siehe auch weitere Tipps in Kapitel 33 «Zu spät in der Schule»).

Der entscheidende Punkt: Eltern müssen die Balance finden zwischen Zeit und Verantwortung einerseits sowie Vergnügen und Entdeckung andererseits. Verwechseln Sie Trödelei nicht mit dem kindlichen Erkundungsdrang. Für Kinder, vor allem jene unter drei Jahren, ist die Reise immer wichtiger als das Ziel. Selbst wenn Sie dastehen und wegen der Verspätung wütend sind, während Ihr Kind eine Kröte betrachtet, sollten Sie erkennen, dass es sich hier um einen wunderbaren Bewusstseinszustand handelt, den die meisten Erwachsenen vergessen haben. In der Welt eines Kindes ist jede kleine Entdeckung ein Wunder, und Sie sollten es in seinem Bedürfnis, Dinge zu erforschen, unterstützen.

Um Zeit dafür zu haben, sollten Sie zulassen, dass ein Spaziergang von fünf Minuten zwanzig Minuten dauert. Machen Sie es sich zur Gewohnheit. Nehmen Sie eine Lupe mit. Lassen Sie Ihre Kinder zur Abwechslung Ihnen etwas beibringen.

2 Tyrannisches Auftreten

DSCHINGIS KHAN JUNIOR

Das Verhalten

Manche Menschen (wahrscheinlich arbeiten Sie für eine solche Person) kommandieren einfach gerne alle anderen herum. Diese Leute bilden gewöhnlich den Mittelpunkt des Geschehens, aber sie werden nicht oft zu privaten Festen eingeladen. Es ist schwer, mit anzusehen, wie Ihr Kind seinen Freunden sagt, was sie zu tun haben, sich mit ihnen streitet und ganz allgemein versucht, alles um sich herum zu beherrschen. Niemand mag gerne mit einem Kind spielen, das nicht weiß, wie man gibt und wie man nimmt. Tyrannische Kinder neigen dazu, sich mit jüngeren Kindern zu umgeben, die sie leichter unter ihre Kontrolle bekommen.

Warum Kinder das tun

Das tyrannische Kind glaubt, es sei schwach und werde von anderen beherrscht. Das ist verständlich: Kinder sind von Erwachsenen umgeben, die größer und zu mehr imstande sind als sie selbst. Allen anderen zu sagen, was sie zu tun haben – und dabei einfach zu vergessen, wie sich das anfühlt –, ist ihre Methode, mit Gefühlen der eigenen Unzulänglichkeit zurechtzukommen.

Ihre Reaktion

Mit dieser Art von Verhalten macht man sich keine Freunde, und es ist schwer, das beim eigenen Kind mit anzusehen. Wirklich unangenehm wird es, wenn Ihr Kind anfängt, Sie herumzukommandieren. Wie können wir unseren Kindern beibringen, sich selbst zu behaupten und stark zu sein, ohne zu Spielplatzdiktatoren zu mutieren?

Ihre Strategie

Tyrannische Kinder fühlen sich wichtig, wenn sie andere beherrschen. Sorgen Sie dafür, dass Ihr Kind die Bedeutung hat, die es verdient, wenn es etwas Nützliches für andere tut.

Was Sie zuerst versuchen sollten

Ignorieren Sie Ihr Kind, wenn es versucht, Sie herumzukommandieren. Sorgen Sie dafür, dass es sich wichtig vorkommt, wenn es in positiver Weise mithilft, indem Sie ihm viel Aufmerksamkeit und Unterstützung zukommen lassen.

Praktische Tipps

Erkennen Sie, dass da ein Silberstreifen am Horizont ist: Achten Sie auf die vielen positiven Aspekte tyrannischer Kinder, von denen einige weiter unten in diesem Kapitel aufgelistet sind. Weil sie so selbstbewusst sind, kann man im Normalfall beispielsweise leicht mit ihnen reden. Sie haben Ideen und Energie. Nutzen Sie das zu Ihrem Vorteil, indem Sie ein solches Kind nach seiner Meinung fragen, wenn Sie ein Problem haben.

Die Familienkonferenz ist der geeignete Ort für dieses Kind, um auf den Plan zu treten. Wir wollen ja seine Ideen, und wir wollen, dass es Macht hat – aber gerechtfertigte und hilfreiche Macht. Fragen Sie Ihr Kind wegen der kleineren Kinder um Rat («Oliver sieht zu viel fern. Wie kann ich ihn dazu bringen, mehr draußen zu spielen?»), und bitten Sie es um Hilfe. Geben Sie dem Kind zu erkennen, dass es geholfen hat, indem Sie ihm beispielsweise sagen: «Ja, das ist eine gute Idee.», «Das könnte funktionieren.» oder «Du bist wirklich kreativ.»

Ermuntern Sie Ihr Kind dazu, Ihnen im Haus zu helfen, indem Sie ihm wichtige Erwachsenenaufgaben geben wie etwa die folgenden:

- den Tisch decken (vor allem, wenn Besuch kommt, so dass es etwas Besonderes ist)
- auf einer Party beim Einschenken helfen
- auf kleinere Kinder aufpassen
- den Wagen waschen

Spielen Sie auf Zusammenarbeit angelegte Spiele, die nicht so sehr den Wettkampf, sondern eher Geben und Nehmen betonen.

Machen Sie Rollenspiele mit Ihrem tyrannischen Kind, um ihm die Gefühle anderer Menschen nahe zu bringen und um unterschiedliche Methoden zu erkunden, wie man seine Vorstellungen zum Ausdruck bringen kann. Sie übernehmen seine Rolle, während das Kind die seines Freundes spielt. Verwenden Sie den gleichen tyrannisierenden Ton, den Ihr Kind gebraucht; auf diese Weise kann es mitbekommen, wie sich das anhört. Fragen Sie Ihr Kind, wie es sich dabei fühlt. Die meisten Kinder sind ehrlich, und sie lernen schnell.

Was Sie tun sollten

Sie sollten Ihr Kind bitten, sich vorzustellen, welche Gefühle seine Freunde möglicherweise haben, wenn man ihnen bis ins Einzelne sagt, wie sie alles machen sollen.

Sie sollten dem Kind angemessene Wege zeigen, wie es seine Bedürfnisse zum Ausdruck bringen kann, wenn es dabei gleichzeitig die Gefühle und Bedürfnisse anderer mit einbezieht. Zum Beispiel: «Ich möchte Fußball spielen. Willst du das auch?»

Wenn das Kind nicht den Chef spielt, sollten Sie sein Verhalten durch bekräftigende Aufmerksamkeit festigen.

Was Sie vermeiden sollten

Sie sollten nicht versuchen, das Verhalten zu unterbinden, indem Sie es mit einem Etikett versehen: «Mein Gott, bist du wieder tyrannisch!»

Wenn Ihr Kind versucht, Sie herumzukommandieren, sollten Sie seinen Aufforderungen nie Folge leisten. Es muss von früh an lernen, dass es mit diesem Vorgehen keinen Erfolg hat.

Die positive Seite

Eigenschaften eines tyrannischen Kindes

- Es hat die Eigenschaften eines starken Anführers.
- Es weiß, was es will und wie es sich Ziele setzen muss.
- Es macht sich keine unnötigen Sorgen darüber,
  was andere meinen.
- Es hat natürliche Fähigkeiten zum Lösen von Problemen.

Sehen Sie in den Spiegel?

Ist Ihr Kind tyrannisch, kann es sein, dass es dies von «seinen Gebietern» gelernt hat – also von Ihnen. Fragen Sie sich einmal, ob Sie Ihr Kind herumkommandieren. Greifen Sie, wenn Sie begründen, warum Sie etwas von ihm wollen, zu dem abgestandenen Spruch «Weil ich es gesagt habe!»? Denken Sie daran, wie viele Befehle Sie dem Kind jeden Tag erteilen – und das, nachdem es sechs Stunden lang in der Schule herumkommandiert worden ist. Es ist kein Wunder, dass es das nun selbst ausprobieren will. Versuchen Sie, Ihrem Kind auf die gleiche Weise beizubringen, *nicht* tyrannisch zu sein, wie Sie ihm (aus Versehen) beigebracht haben, tyrannisch zu sein – durch Ihr Vorbild. Ein guter Ansatz ist es, Ihre Kinder auf die gleiche Weise darum zu bitten, etwas für Sie zu tun, wie Sie es bei einem guten Freund machen würden. Sie können schließlich Ihre Freunde nicht herumkommandieren.

Wenn man eine Familie hat, die auf einer starren hierarchischen Ordnung beruht – mit Papi als dem Boss ganz oben und dann die ganze Hackordnung herunter über Mami bis zum Goldfisch –, kann sich auch die Vorstellung verfestigen, dass es ein erstrebenswertes Ziel sei, der Chef zu sein. Eine stärker an Gleichberechtigung orientierte, demokratische Familie wird dagegen den Teamgeist fördern.

3 Wutausbrüche

JUNIOR GEHT IN DIE LUFT

Das Verhalten

Ein kindlicher Wutausbruch kann Eltern ganz schön unter Stress setzen. Wenn Ihr Kind plötzlich explodiert und sich brüllend zu Boden wirft, können Sie dieses Verhalten nur schwer ignorieren. Der Krach und die Wut verfolgen Sie durchs ganze Haus. Wutausbrüche sind wie kleine Tornados: Sie können ganz plötzlich aus dem Nichts entstehen, einige Zeit lang anhalten und dann ganz schnell wieder verschwinden. Am Ende fragen sich die erschöpften Eltern, worum es bei all dem eigentlich ging.

Warum Kinder das tun

Zu kindlichen Wutausbrüchen kann es bereits im ersten Lebensjahr kommen, erfahrungsgemäß erreichen sie aber ihren Höhepunkt etwa im Alter von drei Jahren. Das ist das «klassische Alter» der Wutausbrüche, weil das Kind anfängt, seine Kräfte zu erproben. Es lernt, wie man bekommt, was man will, und dass Brüllen und Toben dabei wirkungsvolle Mittel sein können. Auf diese Weise gelingt es dem Kind, die Eltern, also die «Chefs» im Haus, unter Druck zu setzen. Passiert so ein

Wutausbruch in der Öffentlichkeit – und vor einem Publikum aus wildfremden Leuten drehen Kinder meist erst so richtig auf –, hat Junior auf einmal alle Karten in der Hand.

Ihre Reaktion

Kindliche Wutausbrüche können alle Eltern dazu bringen, sich zu ärgern, sich erschöpft und ohnmächtig zu fühlen. Vielleicht verspüren Sie sogar Angst: Ihr kleines Kind, so scheint es, ist völlig außer sich. Aber stimmt das wirklich?

Ihre Strategie

Versuchen Sie ruhig zu bleiben. Wenn Sie selbst in Wut geraten, wird alles nur schlimmer. Geben Sie nicht nach, beziehungsweise tun Sie nichts, was das Kind in seinen Augen «gewinnen» lassen würde. Wenn alles vorüber ist, lassen Sie Ihr Kind das entstandene Durcheinander aufräumen und gehen dann einfach wieder zur Tagesordnung über.

Was Sie zuerst versuchen sollten

Da es bei kindlichen Wutanfällen darum geht, dass das Kind bekommt, was es will, sollten Sie als Eltern auf keinen Fall nachgeben. Wenn Ihr Kind beispielsweise tobt, weil Sie sich weigern, ihm ein bestimmtes Spielzeug zu kaufen, dann bleiben Sie bei Ihrer Entscheidung. Geben Sie einmal nach, dann wird das Kind immer wieder in Wut ausbrechen, in der Hoffnung, auf diese Weise sein Ziel zu erreichen. Sogar wenn Sie zu Ihrem Kind sagen «mal sehen» oder «vielleicht», ist das so gut wie Nachgeben. Es ist eine viel bessere Strategie, Ihr Kind zu bitten, dass es aus dem Zimmer geht. Wenn Ihr Kind nicht geht, dann verlassen Sie den Raum. Ohne Publikum macht das Toben keinen Sinn mehr, und es kommt hoffentlich zu keinen weiteren Wutausbrüchen. Ihr Kind muss lernen, dass es Grenzen gibt und dass Sie dieses Verhalten nicht tolerieren. Solange es herumtobt, muss es auf Ihre Gesellschaft verzichten.

Praktische Tipps

Wenn Ihr Kind anfängt, mit Gegenständen zu werfen oder etwas zu zerbrechen, halten Sie es so lange fest, bis es innehält, oder bringen Sie das Kind in sein Zimmer. Entfernen Sie alles, was nicht zerbrochen werden soll. Ihr Kind soll lernen, dass es sich in Wirklichkeit selbst schadet, wenn es etwas in seinem eigenen Zimmer kaputtmacht. Sagen Sie nichts dazu, aber lassen Sie sich auch Zeit damit, es zu ersetzen. Geben Sie Ihrem Kind die Chance, den Verlust mitzubekommen.

Nehmen wir an, Ihr Kind hat einen Wutanfall bekommen, weil Sie wollten, dass es seine Jacke aufhängt. Wenn sich das Feuerwerk gelegt hat, bitten Sie das Kind, seine Jacke aufzuhängen. Machen Sie nichts für das Kind, bis es die Jacke an den Haken gehängt hat. Wenn Ihr Kind Chaos verbreitet hat, sorgen Sie dafür, dass es aufräumt, aber erst dann, wenn es nicht mehr wütend ist. Dazu braucht man Geduld, doch der Schlüssel zur erfolgreichen Kindererziehung ist Konsequenz.

Wenn Ihr Kind im Einkaufszentrum oder in der Stadtbücherei ausrastet, halten Sie sich nicht mit Argumenten auf. Nehmen Sie das Kind auf den Arm (zerren Sie nicht an ihm) und gehen Sie mit ihm nach draußen. Bringen Sie das Kind in Ihr Auto (wenn Sie mit dem Bus oder zu Fuß unterwegs sind, setzen Sie es auf eine nahe gelegene Bank). Möglicherweise müssen Sie im Wagen warten, bis sich Ihr Kind beruhigt hat. Dann gehen Sie direkt nach Hause. Die meisten Kinder gehen gerne mit ihren Eltern einkaufen. Mit nach Hause genommen zu werden ist sicher nicht das, was Ihr Kind mit seinem Wutausbruch zu erreichen hoffte.

Was Sie zur Vorbeugung tun können

Planen Sie voraus. Wichtiger Tipp: Wenn Ihr Kind müde ist, sollten Sie nicht mit ihm weggehen und nicht zu viel von ihm erwarten (siehe Kapitel 45 «Wutanfälle in der Öffentlichkeit»).

Berufen Sie eine Familienkonferenz ein und sorgen Sie dafür, dass alle einigen Grundregeln zustimmen, zum Beispiel: «Wer seine Mahlzeiten nicht isst, bekommt auch nichts zwischendurch» oder «Beim Einkaufen kannst du dein Taschengeld ausgeben, aber bitte uns nicht darum, dir sonst irgendetwas zu kaufen». Wenn Kinder die Regeln kennen, dann ist es leichter, diesen Regeln auch Geltung zu verschaffen.

Bringen Sie Ihrem Kind bei, dass man am besten durch Worte und Teamarbeit zur Lösung eines Problems kommt, nicht durch Toben. Zeigen Sie Ihrem Kind immer wieder, wie das geht, damit es lernt, Probleme kreativ zu lösen – eine wertvolle Fähigkeit, die Ihrem Kind weiterhelfen wird, wenn es erwachsen ist.

Bringen Sie Ihrem Kind bei, ein Nein als Antwort zu akzeptieren. Das verwöhnte Kind meint, dass es alles machen darf, was es will, und alle Mittel einsetzen darf, um es zu bekommen.

Was Sie vermeiden sollten

Hier ein Beispiel dafür, wie ein typischer Wutanfall entsteht. Es gibt belegte Brote zum Abendessen, und Ihr Kind sagt, dass es keine Brote mag und lieber Nudeln essen will. Sie sagen nein, und schon fängt Ihr Kind an zu toben. Sie haben einen langen Tag hinter sich und wissen, dass es ein friedliches Abendessen geben wird, wenn Sie nachgeben. Also kochen Sie dem Kind ein paar Nudeln, und alles ist wieder gut – bis zum nächsten Mal. Denn dieses Vorgehen verschafft Ihnen zwar kurzfristig Ruhe, bringt Ihnen aber eine Menge künftigen Ärger.

Was Sie tun sollten

Wenn die belegten Brote durch die Gegend fliegen, sollten Sie, statt nachzugeben, den Wüterich aus der Küche entfernen. Bestehen Sie darauf, dass Ihr Kind in sein Zimmer, nach draußen oder an einen anderen Ort geht, wo sein theatralisches Getue nicht jedem am Tisch den Appetit verdirbt. Wahrscheinlich ist schon der ganzen Familie der Appetit vergangen, und der Wutausbruch klingt noch allen in den Ohren. Bleiben Sie konsequent, denn nach einer Weile wird sich Ihr Kind wieder beruhigen. Auch der heftigste Wutausbruch ist irgendwann vorüber.

Nachdem der Sturm sich gelegt hat, fragen Sie Ihr Kind: «Wenn du das nächste Mal keine belegten Brote magst, kennst du dann vielleicht eine bessere Methode, wie du mir das sagen kannst?»

4 Fluchen

«VERPISS DICH, ALTER!»

Das Verhalten

Es ist ein wunderschöner Sommertag im Garten hinter Ihrem Haus. Die Vögel zwitschern, und die Eichhörnchen machen Luftsprünge in der Sonne. Sie genießen diese Idylle, als ganz plötzlich einer Ihrer kleinen Lieblinge ein Schimpfwort ausstößt, das Ihnen die Haare zu Berge stehen lässt und Ihnen den Atem nimmt.

Warum Kinder das tun

Kinder tun einfach alles, was sie sehen und hören – auf diese Weise lernen sie eben.

Ihre Reaktion

Sie sind noch wie vom Donner gerührt, als Ihnen der Gedanke durch den Kopf schießt: «Oh Gott, wahrscheinlich sagt er das demnächst auch bei Oma!» Wie Sie gerade gelernt haben, bleiben Worte nicht ohne Wirkung. Was macht man bloß mit einem Vierjährigen, der das Gesicht eines Engels hat und flucht wie ein Bierkutscher?

Ihre Strategie

Machen Sie keine große Sache daraus, sonst zeigen Sie Ihren Kindern einen Alarmknopf, auf den sie drücken können, wann immer sie wollen. Erklären Sie dem Kind in ruhigem Tonfall, dass man solche Worte nicht zu anderen Menschen sagt, weil man auf diese Weise ihre Gefühle verletzen würde.

Was Sie zuerst versuchen sollten (bei kleineren Kindern)

Wenn ein kleines Kind flucht, dann liegt das daran, dass es mit Sprache experimentiert. Das Kind ist auf diese magischen Worte gestoßen, die Erwachsene an die Decke gehen lassen. Achten Sie vor allem darauf, dass die Flüche nicht noch mehr Wirkung entfalten.

Sagen Sie Ihrem Kind einmal ganz deutlich, dass es wirklich nicht in Ordnung ist, so zu reden, und dann sollten Sie es dabei belassen. Ignorieren Sie den Fluch beim nächsten Mal. Vielleicht wird Ihr Kind diese Worte noch ein paar Mal ausprobieren. Wenn die Eltern jedoch keinerlei Reaktion zeigen, verlieren Kinder meist rasch das Interesse.

Bleiben die Kinder weiter bei ihrem Verhalten, dann tun sie es, um Aufmerksamkeit zu bekommen. In diesem Fall bitten Sie entweder Ihr Kind, aus dem Zimmer zu gehen, oder gehen Sie selbst (wichtig: Tun Sie das auf eine ruhige Weise). Das Kind darf zurückkommen, wenn es bereit ist, mit dem Stänkern aufzuhören. So hat es durch sein Verhalten keinen Nutzen. Wirft Ihr Kind in der Wohnung einer anderen Person mit Schimpfworten um sich, dann gehen Sie mit ihm nach Hause. Das wird wahrscheinlich ein für allemal wirken.

Noch ein Tipp: Achten Sie einmal genau auf Ihre eigene Sprache. Ein Kind kann das Fluchen auf der Straße lernen, aber vielleicht wiederholt Ihr Kind auch nur, was Sie das letzte

Mal gesagt haben, als Sie mit dem Hammer Ihren Daumen trafen.

Was Sie zuerst versuchen sollten (bei älteren Kindern)

Seien wir uns im Klaren darüber: Fluchen ist toll und gilt als cool, zumindest für ein älteres Kind, das verzweifelt versucht, mit seinen gleichaltrigen Freunden mitzuhalten und sich wie ein «Erwachsener» anzuhören. Wenn Ihr Kind nicht bei Ihnen ist, können Sie sein Verhalten kaum beeinflussen. Solange Ihr Kind nur unter Gleichaltrigen flucht, können Sie nicht viel machen.

Wenn ältere Kinder fluchen – besonders wenn sie ihren Eltern gegenüber fluchen –, dann geschieht es wahrscheinlich aus Rache. Wenn Ihr Kind das tut, möchte es Sie verletzen. Sie müssen mit ihm reden, aber nicht über das Fluchen. Finden Sie heraus, warum Ihr Kind so wütend auf Sie ist. Bleiben Sie ruhig und freundlich, und wenden Sie die Techniken des aktiven Zuhörens an (siehe Kapitel 5). Vielleicht gibt Ihr Kind als Begründung an, dass Sie zu viel mit ihm schimpfen. Dann können Sie den Schaden beheben, indem Sie etwa sagen: «Gut, dass du mir das gesagt hast. Lass uns versuchen, das Problem zu lösen.» Sie werden überrascht sein, welch tief gehende Wirkung es haben kann, wenn sich Eltern bei Ihren Kindern entschuldigen. Als Nächstes sollten Sie genau darauf achten, wie Sie Ihr Kind behandeln. Möglicherweise brauchen Sie zusätzliche Unterstützung von außen – etwa durch eine Erziehungsberatungsstelle –, um eine gute Lösung zu finden.

5 Mogeln

WENN IHR KIND ZWEI GESICHTER HAT

Das Verhalten

Bei Prüfungen mogeln, beim Spielen schummeln – das ist die
Art von kindlichem Fehlverhalten, das Ihnen wirklich zu
schaffen macht. Diese Unaufrichtigkeit verstößt gegen das
Ehrgefühl, das Sie Ihren Kindern als Wert vermitteln möchten. Kommen Kinder immer wieder mit Mogeln durch, ohne
erwischt zu werden, können sie sogar nach dem damit verbun-
denen Gefühl von Macht süchtig werden.

Warum Kinder das tun

Manche Kinder wollen einfach gewinnen, ganz gleich, was
geschieht. Es macht ihnen Spaß, Autoritätspersonen oder Ri-
valen auszutricksen, und sie fühlen sich gut, wenn es ihnen
gelingt. Schwindeleien können ihren Ursprung aber auch in geringem Selbstwertgefühl haben: Das Kind, das meint, es könne
die Klassenarbeit nicht allein schaffen, nimmt Zuflucht zum
Schummeln. Andere Kinder, die mogeln, sind so sehr verwöhnt
worden, dass sie es sich gerne leicht machen. Oder sie sehen auf
andere Kinder herab und denken: «Ich werde weniger tun und
mehr bekommen, und du wirst es noch nicht einmal merken.»

Ihre Reaktion

Ganz oben auf der Liste der elterlichen Reaktionen steht diesmal die Enttäuschung. Dem Mogeln haftet eine bestimmte Durchtriebenheit an, die Eltern bei ihren Kindern nicht gerne sehen. Wenn Ihr Kind zum Schummeln neigt, bringt es sich selbst in Schwierigkeiten, und Sie wissen, dass dieses Verhalten im Erwachsenenalter ernste Konsequenzen haben kann. Von Steuerhinterziehung und anderen Betrügereien wollen wir hier gar nicht erst reden.

Ihre Strategie

Mogeln ist in starkem Maße ein heimlichtuerisches Verhalten. Arbeiten Sie daran, Ihrem Kind dabei zu helfen, dass es offener und weniger besitzergreifend wird.

Was Sie zuerst versuchen sollten

Ertappen Sie Ihr Kind dabei, wie es schwindelt, oder hören Sie vom Lehrer darüber, sollten Sie ihm weder eine Bestrafung androhen noch eine Standpauke halten. Versuchen Sie, Ihr Interesse zum Ausdruck zu bringen: «Du hast also geschwindelt. Was war denn eigentlich los?» Wenn Sie wollen, dass Ihnen Ihr Kind etwas erzählt, sollten Sie eher neugierig als verärgert reagieren. Stellen Sie offene Fragen wie etwa: «Was meinst du, welche Folgen sich aus dem Mogeln ergeben könnten?» Weisen Sie selbst auf ein paar Konsequenzen hin: «Wenn du in der Mathe-Arbeit schummelst, bekommst du vielleicht eine gute Note, aber du hast nichts gelernt. Also bist du auf lange Sicht gesehen doch der Verlierer.»

Praktische Tipps

Wenn Sie mit Ihrem Kind ganz ruhig über das Mogeln reden, können Sie die Gründe für sein Verhalten erfahren. Vielleicht wird das Kind sagen: «Ich wusste die Antwort nicht und wollte nicht, dass du böse wirst.» Ihre Entgegnung darauf könnte lauten: «Ich bin nicht ärgerlich, oder ich versuche zumindest, nicht wütend zu werden. Außerdem sind schlechte Noten hilfreich, denn sie zeigen dir, wo du noch mehr tun musst; und das ist wichtig.» Betonen Sie, dass Ihr Kind eifriger arbeiten und lernen muss, um alles besser zu verstehen. Bringen Sie dem Kind bei, dass es sich weniger mit anderen vergleichen, sondern mehr darauf aus sein soll, seine Persönlichkeit weiterzuentwickeln (das ist etwas, wobei man nicht mogeln kann), dann wird es nicht aus Angst vor Misserfolg schummeln.

Was Sie tun sollten

Fragen Sie sich einmal selbst, ob Sie dazu neigen, Ihre Überlegenheit auszuspielen, indem Sie immer die richtige Antwort parat haben. Legen Sie viel Wert darauf, immer die Nummer eins zu sein? Wenn ja, hören Sie auf, sich im geistigen Bereich wie der ungekrönte König aufzuführen; sonst bringen Sie Ihr Kind vielleicht dazu, Ihnen nachzueifern. Sorgen Sie dafür, dass Sie Ihr Kind nicht mit seinen Freunden oder Geschwistern vergleichen, das könnte das Konkurrenzdenken bei ihm zu stark werden lassen.

Sie sollten sich auf die Stärken Ihres Kindes konzentrieren. Ermutigen Sie das Kind und achten Sie auf das Gute in allem, was es tut (man findet fast immer etwas). Fixieren Sie sich nicht auf die Ergebnisse, sondern erkennen Sie die Bemühungen Ihres Kindes an.

Achten Sie darauf, dass Sie Ihr Kind nicht zu stark kontrollieren. Stellen Sie sein Licht nicht unter den Scheffel, und schließen Sie das Kind nicht aus. Ermuntern Sie Ihr Kind, offen zu handeln und zu sprechen, und sorgen Sie dafür, dass es in Unterhaltungen einbezogen wird.

Was Sie vermeiden sollten

Versuchen Sie ständig, Ihrem Kind alles Mögliche zu erleichtern? Lassen Sie es durch Erfahrung lernen, dass das Leben nicht leicht ist und dass die einzige Lösung darin besteht, eifrig zu arbeiten.

Reagieren Sie heftig auf Ihre eigenen Erfolge und Misserfolge? Vermeiden Sie Freudentänze, wenn Sie gewinnen, und verfallen Sie nicht in Depressionen, wenn Sie verlieren.

Das Zuhören, eine vergessene Kunst

Sie können Ihre Kinder zum Reden (über das Mogeln oder über irgendetwas anderes) ermutigen, indem Sie selbst ein guter Zuhörer sind. Hier ein paar Tipps, wie Sie die seltene Fähigkeit erwerben können, ein gutes Gespräch mit einem Kind zu führen:

- Überwinden Sie das Bedürfnis, Ihrer eigenen Stimme zu lauschen. Bleiben Sie stattdessen ruhig und hören Sie zu, was Ihr Kind zu sagen hat.
- Halten Sie Blickkontakt, während Sie dem Kind zuhören.
- Ermutigen Sie Ihr Kind, während es spricht – etwa durch Kopfnicken oder kurze zustimmende Bemerkungen wie «aha» und «ja».
- Fassen Sie das zusammen, was Sie gerade gehört haben: «Du bist also der Meinung, dass wir dich ungerecht behan-

delt haben, als wir dich mitten in der Fernsehsendung ins Bett geschickt haben?» Mit diesem «reflektierenden Zuhören» zeigen Sie Ihrem Kind, dass Sie ihm Aufmerksamkeit schenken. Außerdem erhält das Kind so die Möglichkeit, Sie zu korrigieren, wenn Sie die Situation falsch gedeutet haben.

6 Weinen

DIE MACHT DES WASSERS

Das Verhalten

Mit anhören zu müssen, wie Ihr Kind weint, kann entweder
herzzerreißend oder nervtötend sein, abhängig davon, warum
das Kind weint und ob Sie in der letzten Nacht mehr als vier
Stunden geschlafen haben. Tränen sind eine der wenigen Waffen, mit denen die Natur Kinder ausgerüstet hat, und es handelt
sich um eine mächtige Waffe. Bei Neugeborenen ist das Weinen
die einzige Form, in der sie etwas mitteilen können.

Warum Kinder das tun

Ihr Kind schreit möglicherweise, um Ihnen zu zeigen, dass es
hungrig, verletzt oder verängstigt ist. Manche Kinder heulen,
um ihren Eltern beizubringen, dass sie etwas Besonderes sind
und mit Glacéhandschuhen angefasst werden wollen. Sie setzen
ihre Tränen dazu ein, Sympathiebekundungen oder eine Sonderbehandlung zu bekommen. Das kann dazu führen, dass
Sie dem Kind jeden Wunsch erfüllen, um Heulanfälle in der
Öffentlichkeit zu verhindern.

Ihre Reaktion

Sie möchten dem schluchzenden Wesen instinktiv helfen, es trösten oder aufheitern. Das Weinen trifft uns so tief, dass es schwer ist, vernünftig zu reagieren, wenn es manipulativ eingesetzt wird.

Ihre Strategie

Finden Sie heraus, ob es beim Weinen um etwas Ernstes oder nur um den dringenden Wunsch nach Sonderbehandlung geht. Trifft Letzteres zu, behandeln Sie Kinder nicht als hoch empfindliche Kreaturen, indem Sie sie verhätscheln, wenn sie weinen.

Was Sie zuerst versuchen sollten

Der bekannte Kinderpsychologe Rudolf Dreikurs bezeichnete das Weinen einmal als «Macht des Wassers». Es steckt viel Kraft dahinter, aber Sie sollten Ihrem Kind beibringen, diese Kraft nicht zu missbrauchen. Kinder setzen ihre Tränen ein, um verwöhnt zu werden, um Unannehmlichkeiten zu vermeiden oder auch, um sich durchzusetzen. Damit solche Tendenzen im Keim erstickt werden, sollten Sie aufhören, auf das Heulen zu reagieren.

Praktische Tipps

Mit Hilfe der folgenden fünf Methoden können Sie lernen, bei Ihrem Kind unnötiges Weinen zu beenden:

1. Lernen Sie zu unterscheiden zwischen Weinen, das eine Reaktion von Ihnen erfordert macht («Ich habe Schmerzen,

komm und hilf mir!»), und der Macht des Wassers. Wenn Ihr Kind sich schluchzend aufs Bett wirft, übertreiben Sie nicht beim Trösten. Machen Sie kein großes Aufheben davon, wenn sich ein kleines Kind den Kopf stößt oder sein Knie aufschürft. Wenn Sie es zulassen, lernen kleine Kinder schnell, ihr Geheule wirkungsvoll einzusetzen.

2. Sagen Sie Ihrem Kind, dass es schwierig ist, mit ihm zu reden, wenn es weint, dass Sie aber gerne mit ihm darüber sprechen wollen, wenn es sich wieder wohler fühlt. Verfallen Sie aber nicht ins Trösten! Es ist wichtig, dem Kind etwas Zeit für sich zu geben, damit es sich wieder beruhigen kann. Lassen Sie nicht zu, dass beschlossene Regeln oder Entscheidungen – wie etwa Schlafenszeiten, Arbeiten im Haushalt oder vereinbarte Konsequenzen – durch das Druckmittel Tränen abgeändert werden.

3. Wenn Ihr Kind zu schreien beginnt, versuchen Sie, sich geistig von dem Geheule zu distanzieren. Machen Sie mit dem weiter, was Sie gerade tun, und ignorieren Sie den Sirenenton neben Ihrem Ohr. Sprechen Sie das Problem an, wenn das Kind mit dem Plärren aufhört – und zwar nur dann.

4. Sobald Ihr Kind wirklich mit dem Weinen aufhört und über das Problem reden möchte, widmen Sie ihm Ihre ganze Aufmerksamkeit.

5. Sorgen Sie dafür, dass Ihr Kind unabhängig wird. Versuchen Sie nicht immer, es zu beschützen oder sein ständiger Begleiter zu sein. Finden Sie Aufgaben, die das Kind allein erledigen kann: Arbeiten im Haushalt, kleineren Kindern helfen, Hausaufgaben usw. Das gibt Ihrem Kind das Gefühl, etwas zu können.

Der entscheidende Punkt: Wenn Sie auf Tränen reagieren, die dazu eingesetzt werden, Aufmerksamkeit zu erheischen, eine Schlacht zu gewinnen oder bedient zu werden, sind Sie geliefert.

7 Unaufhörliches Reden

DIE QUASSELKINDER

Das Verhalten

Wie viele positive menschliche Triebkräfte kann unser Drang, etwas zum Ausdruck zu bringen, missbräuchlich eingesetzt werden. Ein geschwätziges Kind kann Sie durchs ganze Haus verfolgen und Ihre Aufmerksamkeit mit endlosen Fragereien und Geschichten beanspruchen. Kleinere Kinder lernen schnell, dass sie sich mit dem Zauberwort «Warum» die Zuwendung eines Erwachsenen verschaffen können. In der guten Absicht, den gesunden kindlichen Wissensdrang zu fördern, stolpern die Eltern bald durch ein Labyrinth von sinnlosen Fragen:

Kind: «Papi, warum rülpsen die Leute?»

Vater: «Weil sie beim Essen zu viel Luft schlucken, und durch das Rülpsen werden sie die Luft wieder los.»

Kind: «Warum schlucken sie denn Luft?»

Vater: «Jeder schluckt beim Essen Luft; aber wenn man zu schnell isst, schluckt man zu viel.»

Kind: «Warum?»

Vater: (seufzend) «Das passiert eben so.»

Kind: «Warum?»

Vater: (mit einem Blick auf die Uhr) «Ich muss gehen, mein Schatz.»

Kind: «Warum?»
Und so weiter und so fort.

Warum Kinder das tun

Wenn Kinder viel reden, tun sie das ganz einfach, um Aufmerksamkeit zu bekommen. Tatsächlich fühlen sich viele Kinder nur dann wichtig, wenn ihnen jemand seine Aufmerksamkeit widmet. Dieses Bedürfnis nach Zuwendung kann so mächtig sein, dass das Kind es sogar in Kauf nimmt, negativ aufzufallen. Zurechtweisungen sind ihm immer noch lieber, als ignoriert zu werden.

Ihre Reaktion

Sie sitzen in einer Falle: Sie möchten mit Ihren Kindern kommunizieren und ihnen etwas über die Welt beibringen, aber gleichzeitig ist klar, dass Ihr Kind mit seinem Geplapper seine eigenen Ziele verfolgt – und die haben wenig mit Neugier zu tun.

Ihre Strategie

Sorgen Sie entweder dafür, dass das Kind aus dem Zimmer geht, oder bringen Sie sich selbst außer Hörweite.

Was Sie zuerst versuchen sollten

Hier handelt es sich um eine Gratwanderung zwischen zwei Dingen: Ihre eigenen Rechte als Erwachsene zu wahren und Ihren Kindern zu verstehen zu geben, dass sie mit Ihnen reden können. Es ist in Ordnung, wenn Ihr Kind lebhaft ist, aber Sie müssen dafür sorgen, dass Ihr eigener Bereich geschützt bleibt. Gehen Sie dieses Thema ganz direkt an: Sind Sie beispielsweise beschäftigt und will Ihr Kind mit Ihnen sprechen, sagen Sie einfach: «Ich koche gerade, lass uns doch später miteinander reden.» Plappert das Kind weiter, ignorieren Sie es. Vielleicht gelingt es Ihnen, sich geistig zurückzuziehen. Wenn Sie das nicht schaffen, schicken Sie das Kind aus dem Zimmer oder verlassen Sie selbst den Raum. Es ist entscheidend beim übermäßigen Reden, dass Sie dem Kind den angestrebten Nutzen — Ihre Aufmerksamkeit – vorenthalten. Unterhalten Sie sich mit einer Freundin und unterbricht Sie Ihr Kind ständig, reden Sie einfach weiter, nachdem Sie zuerst die folgende Erklärung abgegeben haben: «Wenn ich mit meiner Freundin fertig bin, höre ich dir gern zu.» (Setzen Sie Ihre Freundin vorab von dieser Strategie in Kenntnis.)

Praktische Tipps

Eine gute Methode, um Ihr Kind wissen zu lassen, dass Sie jetzt für eine Zeit lang genug gehört haben, besteht darin, es einfach an der Schulter zu berühren oder Ihren Arm um das Kind zu legen, während es redet. Dadurch bringen Sie Ihre Anerkennung zum Ausdruck, ohne dem Kind Ihre ganze Aufmerksamkeit zu widmen.

Haben Sie den Verdacht, dass Sie sich in ein endloses Frage-und-Antwort-Spiel verstricken, hören Sie genau hin, um herauszubekommen, ob es sich um nachdenkliche Fragen handelt oder lediglich um Geplapper, mit dem das Kind nur Ihre Aufmerksamkeit auf sich lenken will. Sinnloser Fragerei entziehen Sie sich am besten, indem Sie etwas anderes tun oder aus dem Zimmer gehen. Sorgen Sie einfach dafür, dass Ihr Kind keinen Nutzen aus diesem Verhalten zieht.

Wie verlockend es auch immer sein mag: Sagen Sie Ihrem Kind nicht, es solle den Mund halten. Vermeiden Sie auch Spitznamen, die das Verhalten des Kindes kritisieren, wie «Quatschtüte» oder «Plappermaul». Kinder versuchen im Allgemeinen, solchen Etiketten gerecht zu werden.

Der entscheidende Punkt: Glauben Sie nicht, Sie müssten immer zur Verfügung stehen, wenn Ihr Kind eine Frage oder einen Kommentar hat. Dieses Entgegenkommen verführt das Kind nur dazu, selbstbezogen zu sein. Bringen Sie Ihrem Kind lieber bei, geduldig zu sein. Wenn es gute Fragen stellt, ermutigen Sie es. Sagen Sie dem Kind, wie hilfreich es ist, wenn es sich selbst beschäftigt – etwa mit Malen oder Lesen –, während Sie im selben Zimmer arbeiten.

8 Lügen

«DIE LAMPE IST VON GANZ ALLEINE UMGEFALLEN, EHRLICH!»

Das Verhalten

«Wer hat die Lampe kaputtgemacht?» Wie oft haben Sie schon eine solche Frage gestellt, nur um dann zwanzig Minuten lang die abenteuerlichsten Lügengeschichten zu hören zu bekommen, voller mythischer Lebewesen, geheimnisvoller fremder Personen und diebischer Geschwister?

Warum Kinder das tun

Kinder lügen, um sich aus Schwierigkeiten herauszuwinden, jemanden zu beeindrucken und um andere zu manipulieren.

Ihre Reaktion

Eltern, die von ihren Kindern belogen werden, haben Sorge, dass aus ihren Sprösslingen unehrliche Erwachsene werden. Es irritiert sie, ihrem eigenen Kind nicht mehr vertrauen zu können. Wenn ihr vierjähriger Sohn nicht einmal zugeben kann, die Milch verschüttet zu haben, werden sie in späteren Jahren kaum eine ehrliche Antwort von ihm erwarten können, wenn der Wagen der Familie mit den Rädern nach oben im Straßengraben liegt. Lügen müssen im Keim erstickt werden. Doch wie hat das alles angefangen, und was kann man dagegen tun?

Ihre Strategie

Sorgen Sie dafür, dass Ihr Kind Ihnen vertraut, ganz gleich, was es tut. Helfen Sie ihm, eine Lösung zu finden, bei welchem Problem auch immer es lügt.

Was Sie zuerst versuchen sollten

Bemühen Sie sich, das Vertrauen Ihres Kindes zu gewinnen. Vermitteln Sie ihm das Gefühl, dass sich für alle Pannen und Probleme – vom Verschütten der Milch bis zum Zerbrechen des Meißner Porzellans – eine Lösung finden lässt, ohne dass das Kind schwer bestraft wird.

Praktische Tipps

Geben Sie Ihrem Kind zunächst einmal zu verstehen, dass Sie es lieben, egal, was es getan hat.

Wenn Ihr Kind lügt, vermeiden Sie jegliche Überreaktion – vor allem Schreien oder Drohungen.

Sprechen Sie ruhig und in freundlichem Ton über den Fehler. Seien Sie so verständnisvoll wie möglich.

Zeigen Sie Ihrem Kind, dass es sich lohnt, die Wahrheit zu sagen, indem Sie seinen Mut offen bewundern. Es muss lernen, dass die Wahrheit einen stärkeren Eindruck hinterlässt als Lügen.

Führen Sie Spielregeln ein, die dafür sorgen, dass das Fehlverhalten in Zukunft vermieden werden kann.

Lügen als Problemlösung

Mit dem Lügen kann es früh im Leben losgehen. Kinder lügen beispielsweise häufig über ihr Alter, indem sie ein paar Jahre hinzufügen (in Umkehrung einer bei Erwachsenen verbreiteten Tendenz). Manchmal belügt ein Kind seine Eltern, um sie zu überlisten oder einfach um gegen sie zu rebellieren. Doch im Allgemeinen versuchen Kinder durch Lügen zu verhindern, für etwas, was sie getan haben, bestraft zu werden. Für ein Kind ist das eine kreative Form des Problemlösens. Je schwerer die erwartete Strafe, desto größer ist die Chance, dass sich das Kind eine Geschichte ausdenkt, um Schwierigkeiten zu vermeiden.

Für Eltern ist es wichtig, zwischen kreativen Geschichten und glatten Unwahrheiten unterscheiden zu lernen. Während Lügen gewöhnlich der Versuch sind, Schwierigkeiten zu vermeiden, erzählen Kinder Geschichten, um Aufmerksamkeit zu bekommen.

Was Sie tun sollten

Versuchen Sie mit Ihren Kindern gemeinsam Lösungen zu entwickeln, statt sich auf die Bestrafung zu konzentrieren. Kommen Sie selbst aus einer Familie, in der jedes «schlechte» Verhalten (einschließlich Lappalien wie verschüttete Milch) unweigerlich bestraft wurde, dann ist die Wahrscheinlichkeit groß, dass Ihr Kind lügen wird, um sich zu schützen.

Sie sollten es dem Kind leicht machen, die Wahrheit zu sagen, aber nicht zu leicht. Lügt Ihr Kind wirklich einmal, weil es etwas Schlimmes getan hat, sagen Sie ihm: «Ich freue mich, dass du mir am Ende die Wahrheit erzählt hast; aber ich bin schon über das bestürzt, was du getan hast.» In dieser Situation muss das Kind Abhilfe für das schaffen, was geschehen ist, zum Beispiel durch Wiedergutmachung, Entschuldigungen oder was sonst noch erforderlich ist.

Was Sie vermeiden sollten

Spielen Sie nicht den Detektiv: «Also, raus damit: Wer von euch beiden hat meinen CD-Spieler kaputtgemacht?» Sagen Sie stattdessen lieber in ruhigem Ton: «Aha, der CD-Spieler ist kaputt» oder «Aha, ihr habt den CD-Spieler kaputtgemacht. Möchtet ihr darüber sprechen?» Es ist schwer, dabei die Ruhe zu bewahren, aber es lohnt sich: Wenn Ihnen das gelingt, wird es immer weniger solcher Anlässe geben.

Beschimpfen Sie Ihr Kind nicht als Lügner. Kinder verinnerlichen oft diese Art von verbalem Schlag ins Gesicht und fangen an, sich selbst als Lügner zu sehen. Das führt dazu, dass dieses Fehlverhalten immer häufiger auftritt. Lernen Sie stattdessen, den Täter und die Tat auseinander zu halten – es ist nicht notwendig, persönlich zu werden.

9 Waghalsiges Verhalten

«GUCK MAL, MAMA! GANZ OHNE ARME!»

Das Verhalten

Einen Baum hochzuklettern ist eine der wahren Kindheitsfreuden. Einen wirklich hohen Baum hochzuklettern und dabei einen tödlichen Sturz zu riskieren, ist eine andere Geschichte. Eltern von Kindern, die den Nervenkitzel suchen, rutscht ständig das Herz in die Hosentasche, während sie mit ansehen müssen, wie der Teufelsbraten in der Baumkrone herumklettert, übers Dach läuft oder freihändig mit dem Fahrrad einen lebensgefährlich steilen Berg heruntersaust. Es gibt fließende Grenzen zwischen Risikobereitschaft und dem Wunsch zu sterben. Zu einer solchen Grenzsituation kann es etwa kommen, wenn Ihr Kind größere und aggressive Mitschüler einfach deshalb provoziert, weil es so ein prickelndes Gefühl ist, von jemandem durch die Gegend gejagt zu werden, der ein Messer hat. Diese Kinder spielen gerne mit dem Feuer und klauen beispielsweise nur zum Spaß. Für ihre Freunde sind sie unbezwingbare Helden – und ihre Eltern fürchten sich schon vor der nächsten Fahrt ins Krankenhaus.

Warum Kinder das tun

Mit waghalsigem Verhalten versuchen Kinder, ihre Freunde zu beeindrucken oder Aufmerksamkeit zu bekommen. Manchmal wollen sie auch einfach aus ihrem überbehütenden Elternhaus ausbrechen.

Ihre Reaktion

Angst, Panik, ein hysterischer Anfall – das ist das Spektrum der elterlichen Reaktionen.

Ihre Strategie

Retten Sie Ihr Kind aus der Situation, möglichst ohne große Worte und ohne ihm viel Aufmerksamkeit zu widmen. Wenn die Lage nicht lebensbedrohlich ist, lassen Sie das Kind ruhig ein paar Beulen und blaue Flecken bekommen.

Was Sie zuerst versuchen sollten

Hat Ihr Kind das früher schon einmal getan, ist es Zeitverschwendung, ihm zu sagen, dass es gefährlich ist, vom Dach zu springen oder verkehrt herum die Rutsche herunterzugleiten. Es gibt dann nur zwei Dinge, die Sie machen können:

1. Holen Sie den Jungen ins Haus und sagen Sie in einem bestimmten, aber ruhigen Tonfall (ohne große Vorträge), dass er nicht mehr auf der Schaukel spielen darf, wenn er so gefährliche Dinge macht, wie sich die Kette um den Hals zu wickeln. Wenn er weiterhin verrückte Sachen tut, sagen Sie ihm, dass Sie von nun an genau darauf achten werden, was er treibt. Da Sie ihn draußen nicht beaufsichtigen können,

muss er ins Haus kommen, bis er verspricht, die Schaukel nur noch vernünftig zu benutzen. Lassen Sie den Jungen selbst entscheiden, wann er dazu bereit ist. Wenn Sie sehen, dass er sein Wort nicht hält, entscheiden Sie, wann er wieder aus dem Haus kann.

2. Wenn die Situation nicht lebensbedrohlich ist oder keinen bleibenden Schaden nach sich zieht, lassen Sie Ihren Sohn ein paar Schrammen bekommen. Das zu tun, fällt Eltern schwer, doch, wenn die Umstände es erlauben, ist es äußerst wirksam. Schmerz ist eine gute Lehre für waghalsige, störrische Kinder.

Die drei Typen waghalsiger Kinder

Waghalsige Kinder genießen das prickelnde Gefühl eines Adrenalinstoßes. Außerdem gehen sie Risiken ein, um sich Aufmerksamkeit und Respekt zu verschaffen. Risikofreudige Kinder fallen in drei grundlegende Kategorien:

1. **Der, der den Nervenkitzel sucht:** Dieses Kind liebt Herausforderungen und den Reiz des Ungewissen. Möglicherweise haben die Eltern das Kind zu sehr behütet, so dass es noch nicht gelernt hat, dass das Leben gefährlich ist. Man hat ihm im Vergleich zu seinen Altersgenossen bisher noch nicht seinen Anteil an Beulen und blauen Flecken zugestanden. Das Kind läuft sorglos auf die Straße, als ob es einen Spaziergang auf einer Wiese machte. Lösung: Lassen Sie das Kind die Erfahrung machen, wie gefährlich das Leben sein kann, wenn man nicht vorsichtig ist (ohne zuzulassen, dass es vom Auto überfahren wird).

2. **Die, die gerne gegen Regeln verstoßen:** Für diese Kinder ist es ein prickelndes Gefühl, sich über ihre Eltern hinwegzusetzen, die gewöhnlich bei ihren Bravourstückchen überreagieren. Ihre Tochter klettert beispielsweise auf einen Tisch, und Sie rennen hysterisch herbei, um sie aufzufangen. Lösung:

Reagieren Sie nicht sofort, wenn die Alarmglocken bei Ihnen läuten. Wenn Sie eingreifen müssen (etwa um ein Unglück zu verhindern), machen Sie es so lässig wie möglich, damit Ihre Tochter keinen Nutzen daraus ziehen kann.

3. **Der Superheld:** Er möchte seine Freunde mit seinem Mut und seiner todesverachtenden Prahlerei beeindrucken. Lösung: Wenn Ihr Junge mit anderen Kindern zusammen ist, haben Sie keinerlei Kontrolle darüber, was er tut. Konzentrieren Sie sich also auf vorbeugende Maßnahmen (siehe unten).

Praktische Tipps

Versuchen Sie, Ihr Kind nicht zu sehr zu beschützen. Wenn das Kind beim Spaziergang nicht auf den Weg achtet, lassen Sie es ruhig einmal über einen Stein stolpern und im Matsch landen. Nur wenn Sie darüber lachen, sind Sie gemein. Außerdem ist es keine Katastrophe, wenn sich Ihr Kind das Knie aufschürft. Es muss lernen, auf sich selbst aufzupassen, da Sie nicht auf ewig sein Schutzengel sein können.

Hören Sie damit auf, an Ihrem Kind herumzunörgeln. Einem Kind zum zehnten Mal zu sagen, es werde «mit diesem Stock stolpern, jemanden ins Auge pieksen und sich dabei das Genick brechen», ist zwecklos. Stellen Sie stattdessen eine feste Regel auf, dass das Kind nicht mit Stöcken herumrennen soll. Zeigen Sie bei Regeln zum Thema Sicherheit Festigkeit und Konsequenz. Wenn Ihr Kind beispielsweise beim Spaziergang mit der Familie weiterhin auf die Straße läuft, nehmen Sie es an der Hand, bis das Kind Ihnen verspricht, auf dem Bürgersteig zu bleiben.

Übertragen Sie Ihrem Kind die Verantwortung für ein Haustier. Wenn das Kind dafür sorgen muss, dass seinem Kaninchen nichts zustößt, lernt es Gefahren besser einzuschätzen.

Lassen Sie Ihr Kind auf kleinere Kinder aufpassen. Dabei werden auch Umsicht und bewussteres Handeln gefördert.

Verletzt sich Ihr Kind tatsächlich, lassen Sie es selbst die Wunde reinigen und einen Verband anlegen. So kann das Kind seinen Stolz bewahren und zieht keinen Nutzen aus zusätzlicher Aufmerksamkeit. Was immer Sie auch tun, vermeiden Sie Sätze wie «Oh, mein armer Liebling!» oder «Das hab' ich dir doch gleich gesagt!».

Ein waghalsiges Kind sollten Sie stärker beaufsichtigen, als Sie es bei einem vorsichtigeren Kind täten.

10 Stehlen

WENN IHR KIND ANFÄNGT ZU KLAUEN

Das Verhalten

Wahrscheinlich denken Sie, dass Schwerverbrecher bereits als Kinder mit dem Klauen angefangen haben. Eltern neigen dazu, dieses kindliche Fehlverhalten besonders hart zu bestrafen. Tatsache ist, dass viele Kinder gelegentlich etwas stehlen.

Warum Kinder das tun

Manche Kinder nehmen nur deshalb, was ihnen nicht gehört, weil sie es haben wollen und weil sie gewohnt sind, dass ihre Wünsche sofort erfüllt werden. Bisweilen stehlen Kinder, um ihre Freunde mit ihrem tollkühnen Benehmen und mit dem großzügigen Teilen der Beute zu beeindrucken. Sie bestehlen möglicherweise sogar ihre Freunde. Gelegentlich stehlen Kinder auch, um es ihren Eltern heimzuzahlen.

Ihre Reaktion

Einen kleinen Kriminellen in der Familie zu haben kann wirklich traurig stimmen. Für einige Eltern ist es schwer zu sagen, was schlimmer ist, der eigentliche Diebstahl oder die armseligen fadenscheinigen Lügen, die mit dieser geringfügigen Straftat einhergehen.

Ihre Strategie

Verwöhnen Sie Ihr Kind nicht allzu sehr mit materiellen Dingen, sonst meint es, auf alles, wonach es sich sehnt, ein Anrecht zu haben. Geben Sie dem Kind aber ein Taschengeld, damit es vertretbare Bedürfnisse befriedigen kann.

Was Sie zuerst versuchen sollten

Um Ihr Kind vom Stehlen abzuhalten, ergreifen Sie am besten vorbeugende Maßnahmen. Es gibt drei Methoden, das zuwege zu bringen:

1. Seien Sie dem Kind gegenüber nicht allzu nachgiebig.
2. Vermitteln Sie Ihrem Kind ein ausgeprägtes Gefühl dafür, was richtig und was falsch ist.
3. Bringen Sie dem Kind bei, sozial zu denken, damit es sich damit beschäftigt, welche Auswirkungen seine Handlungen auf andere Menschen haben.

Praktische Tipps

Man sagt, dass der Weg zur Hölle mit guten Absichten gepflastert ist – wenn Sie das hören, sollten Sie einmal über übertriebene Nachsicht und Verhätschelung nachdenken (siehe Kapitel 44). Die allzu nachsichtigen Eltern wollen das, was wir alle wollen: glückliche Kinder. Diese Eltern versuchen das zu erreichen, indem sie ihren Kindern alle Wünsche erfüllen. Es entbehrt nicht einer gewissen Ironie, dass dabei zutiefst unglückliche

Kinder herauskommen. Zum einen ist es eine Tatsache, dass man nicht alles im Leben haben kann, und Menschen, die verwöhnt wurden, haben Schwierigkeiten, damit umzugehen. Schlimmer noch, wenn jemand einmal wirklich nein sagt, besteht die impulsive Reaktion eines nachgiebig erzogenen Kindes darin, es sich einfach zu nehmen. Das liegt daran, dass das verhätschelte Kind meint, es habe ein Anrecht darauf. Sie werden es später bereuen, Ihr Kind so verwöhnt zu haben, denn seine Ansprüche werden immer größer: Süßigkeiten, Spielsachen, modische Kleidung, ein Computer, teure Videospiele.

Anstatt die Bedürfnisse Ihres Kindes zu befriedigen, sollten Sie entscheiden, was für Ihr Kind angemessen ist, und dann konsequent dabei bleiben. Beschließen Sie, dem Kind einmal die Woche Süßigkeiten zu kaufen, sollten Sie sich auch daran halten, ganz gleich welche Höhen der Schauspielkunst die Bettelei erreichen mag. Wenn Sie nur gelegentlich nein sagen, glaubt Ihr Kind, dass Sie einfach geizig sind. Vermeiden Sie, dass das Kind Sie dabei beobachtet, wie Sie schwach werden und selbst Spontaneinkäufe machen.

Geben Sie Ihrem Kind ein Taschengeld. Stehlen kann in seinen Augen eine raffinierte Methode sein, um zu bekommen, was es will. Gibt man dem Kind ein Taschengeld, so stellt das eine Alternative zur Verhätschelung dar. Ist das Geld zu schnell verbraucht, geben Sie nicht klein bei, indem Sie ihm dann doch wieder etwas kaufen.

Noch ein Tipp: Lassen sich Kinder leicht beim Stehlen erwischen, haben sie es wahrscheinlich aus Rache getan. Manchmal klauen Kinder aus Gehässigkeit. Sind sie wirklich wütend auf ihre Eltern, ist Stehlen eine großartige Methode, um sie zu ärgern. Die Kinder bekommen nicht nur ein tolles neues Spielzeug, sondern sie sorgen gleichzeitig dafür, dass ihren hartherzigen Eltern die Hölle heiß gemacht wird.

Bevor Sie an die Decke gehen, sollten Sie Verständnis dafür aufbringen, dass Kinder, die Sie verletzen wollen, sich selbst verletzt fühlen. Jetzt ist es an der Zeit, mit ihnen über ihre Gefühle zu sprechen, etwas, was Eltern, die schnell und bestimmt die Regeln festlegen, nicht oft genug tun. Häufig liegt es an uns, wenn unsere Kinder nicht gelernt haben, uns mitzuteilen, was sie denken und fühlen. Eine gute Kommunikation ist die Voraussetzung dafür, dass Probleme gelöst werden.

Manchmal stehlen ausgesprochen brave Kinder, weil sie sich dem Druck der Gleichaltrigen ausgesetzt sehen. In diesem Fall kommt es besonders auf eine gute Kommunikation an. Sie können nicht immer dabei sein; daher müssen Sie Ihrem Kind zeigen, wie es dem Konformitätsdruck widerstehen kann, wenn die Gruppe sich dumm verhält. Versuchen Sie, Rollenspiele einzusetzen: Sie spielen das Kind, und Ihr Kind kann die Rolle der Freunde übernehmen, wenn sie den nächsten Diebstahl planen. Drehen Sie dann die Rollen um. Versuchen Sie, so zu agieren, dass es Spaß macht. Diese Methode lässt sich auch später wieder einsetzen, wenn Rauchen und Trinken zum Problem werden.

Der nächste Schritt besteht darin, Ihrem Kind zu helfen, eine soziale Orientierung (Mitgefühl für andere) und einen ausgeprägten Sinn für Werte zu entwickeln. Das erreicht man am ehesten, wenn man sein Kind an wohltätigen und unterstützenden Aktivitäten beteiligt. Lassen Sie Ihr Kind zum Beispiel gebrauchtes Spielzeug für bedürftige Kinder sammeln, Besorgungen für ältere Leute machen oder auf kleinere Kinder aufpassen, während Sie Essen zubereiten.

Eine stärkere Beaufsichtigung des Kindes ist wahrscheinlich keine schlechte Idee. Ein Kind, das gelangweilt und desinteressiert herumlungert, kann es als attraktiven Reiz erleben, «böse» zu sein und etwas anzustellen. Geben Sie ihm eine Beschäftigung, die das Kind mit vernünftigen Dingen ausfüllt, wie Sport, Spiele oder Bücher, die es auch wirklich liest. Schicken Sie Ihr Kind seinen Neigungen entsprechend in eine Fußballmannschaft, zu den Pfadfindern, in einen Sportverein oder zu naturwissenschaftlich interessierten Gruppen.

Fragen Sie Ihr Kind, wie es sich fühlen würde, wenn ihm jemand etwas wegnehmen würde. Regen Sie an, dass sich das Kind in andere Menschen hineinversetzt. Sagen Sie ihm, was Ihrer Auffassung nach richtig und was falsch ist. Und verzichten Sie selbst darauf, andere auszutricksen und Regeln zu umgehen: Wenn Ihre Kinder Sie dabei beobachten, wie Sie im Zoo Ihr Alter falsch angeben, um Eintrittsgeld zu sparen – warum sollten sie dann nicht stehlen?

Was Sie tun können, wenn's passiert ist

Ihre erste Reaktion – Anschreien, Schlagen, Bestrafen – ist sicher nicht die beste, auch wenn Sie sich dadurch erleichtert fühlen. Wenn Ihr Kind stiehlt, können Sie Ihren Ärger über dieses Fehlverhalten durchaus zeigen, aber Bestrafung funktioniert hier nicht. Wiedergutmachung des Schadens ist die angemessene Antwort. Das Kind muss die Verantwortung für seine Handlung übernehmen und die Dinge wieder ins Lot bringen. Dazu gehört, das gestohlene Gut wieder zurückzubringen (oder die Süßigkeiten zu bezahlen, die es gegessen hat) und sich beim Opfer zu entschuldigen. Begleiten Sie Ihr Kind, wenn es das tut. Einige Ladenbesitzer werden Ihrem Kind möglicherweise künftig den Zutritt zu ihrem Geschäft verbieten. Das ist gut so, denn es handelt sich um eine wichtige Konsequenz, die das Kind direkt spüren kann.

11 Schmollen

DER STILLE ÄRGER

Das Verhalten

Ein wirklich gekonntes Schmollen kann schwarze Schwaden voller Zorn durch das Haus ziehen lassen. Das kann manchmal sogar mehrere Tage lang anhalten, bis noch nicht einmal mehr das Kind weiß, wie alles begonnen hat. Gewöhnlich liegt es jedoch daran, dass jemand das verhasste Wort «nein» gesagt hat. Wahrscheinlich haben Sie dem Kind verboten, mit seinen Freunden im Garten zu übernachten oder sich einen Action-Film anzusehen.

Warum Kinder das tun

Schmollen ist nichts weiter als ein stiller Wutausbruch. Das Kind meint, dass es ein Anrecht auf etwas hat, was es nicht bekommen hat, und darüber ist es wütend. Nun versucht Ihr Kind, Sie mit Schweigen zu bestrafen.

Ihre Reaktion

Eltern verspüren meist den Impuls, ihr schmollendes Kind zu trösten. Das Kind sitzt da, die Arme fest auf der Brust verschränkt, und macht ein Gesicht, als hätte es gerade eine Zitrone gegessen. Sie möchten sagen: «He, was ist los, Schatz?» Das kindliche Schmollen weckt bei den Eltern eine ganze Reihe untergründiger Gefühle: Vorrangig sind es Schuldgefühle, gefolgt von dem wachsenden Bedürfnis nachzugeben. Schmollen ist tatsächlich so wirksam, dass die meisten Eltern es nach einer gewissen Zeit sogar lieber mit einem ordentlichen Wutanfall zu tun hätten.

Ihre Strategie

Ignorieren Sie das Schmollen. Bewegen Sie das Kind dann dazu, darüber zu sprechen.

Was Sie zuerst versuchen sollten

Geben Sie nicht nach. Behalten Sie zunächst einmal im Hinterkopf, dass das Kind zu schmollen begonnen hat, weil Sie ihm etwas verweigert haben. Schmollen ist ein aggressiver Rückzug, ein Manipulationsversuch. Es ist ganz natürlich, etwas haben zu wollen. Wenn Sie jetzt nachgeben und Ihrem Kind seinen Wunsch erfüllen, wird es das Schmollen immer wieder als Mittel einsetzen, um sein Ziel zu erreichen. Kinder sind schließlich intelligente Wesen. Ignorieren Sie dieses Verhalten, kann das Kind keinen Nutzen daraus ziehen.

Noch ein Hinweis: Sollte Ihr Kind weiterhin schmollen, dann wissen Sie, dass es irgendeine Art von Nutzen daraus zieht.

Praktische Tipps

Handeln Sie nicht so, als regten Sie sich über das Schmollen auf. Sie sollten nichts an Ihrem Verhalten ändern. Halten Sie Ihre Körpersprache unter Kontrolle und nehmen Sie eine fröhliche (oder zumindest eine neutrale) Haltung ein.

Wenn das schmollende Kind zu lästig wird, fordern Sie es auf, den Raum zu verlassen.

Ist das Schmollen vorbei, ermuntern Sie das Kind zum Reden. Lassen Sie es spüren, dass Sie seine Gefühle verstehen wollen.

Der entscheidende Punkt: Bewegen Sie das Kind dazu, dass es über seine Enttäuschungen spricht und darüber, wie man damit umgehen kann.

Was Sie tun sollten

Denken Sie daran, dass Ihr Kind ein berechtigtes Anliegen haben kann. Tun Sie seine Forderung oder seine Sorgen nicht automatisch ab. Geben Sie dem Kind zu verstehen, dass Sie immer dazu bereit sind, mit ihm über seine Sorgen zu sprechen. Verschaffen Sie ihm andere Möglichkeiten, sich auszudrücken, als durch Schmollen.

Verhindern Sie das Verhalten bereits im Ansatz. Bevor das Kind ins Schmollen verfällt, sollten Sie so etwas sagen wie: «Du siehst aus, als ob du dich über etwas ärgerst. Möchtest du darüber reden?» Wenn das Kind nicht reden will, lassen Sie den Dingen ihren Lauf.

Ermutigen Sie Ihr Kind, wenn es schließlich anfängt, über das Problem zu sprechen. Sagen Sie ihm zum Beispiel: «Ich finde es gut, wenn du über so etwas redest, auch wenn du dich darüber aufregst.»

Was Sie vermeiden sollten

Sie sollten dem Schmollen weder Vorschub leisten noch versuchen, es zu unterbinden, indem Sie Ihr Kind «bestechen» – etwa mit einem Fußballspiel oder einem heißen Kakao. Auf diese Weise zieht das Kind nur einen Gewinn aus seinem Verhalten.

Handeln Sie nicht so, dass Sie selbst als negatives Vorbild wirken, indem Sie selbst schmollen oder Ihrem Mann die kalte Schulter zeigen.

Finden Sie sich nicht mit diesem Verhalten ab. Jemand, der gekonnt schmollt, kann die Atmosphäre regelrecht vergiften. Es handelt sich um den Gipfel passiver Aggression. Wird das Ganze zu unangenehm, fordern Sie das Kind auf zu gehen. Bei einem rebellierenden älteren Kind müssen Sie womöglich selbst das Zimmer verlassen. Doch achten Sie darauf, dass Sie es nicht grollend tun. Wenn sie kein Publikum mehr haben, werden die meisten Kinder ihr Schmollen wieder einstellen.

Ein weiterer entscheidender Punkt: Denken Sie immer daran, dass Ihr Kind nicht unaufrichtig ist – es ist nur unglücklich. Aber machen Sie auch nicht den Fehler, zu meinen, es sei Ihre Aufgabe, dafür zu sorgen, dass das Kind ständig glücklich ist. Ein schmollendes Kind hat oft Eltern, die zu viel Mitleid mit ihm haben. Es erkennt schnell, dass sich das Unglücklichsein als wirkungsvolles Mittel einsetzen lässt.

12 Widerworte

«ICH WILL ABER NICHT INS BETT GEHEN!»

Das Verhalten

Nach all dem, was Sie als Eltern getan haben, dürften Sie doch wenigstens etwas Respekt von Ihren Kindern erwarten – das sollte man jedenfalls meinen. Widerworte sind eine der heftigsten Formen von Missachtung, die ein Kind seinen Eltern gegenüber zum Ausdruck bringen kann. Kinder verstehen es, ihre verbalen Fähigkeiten so einzusetzen, dass sie ihre Eltern auf die Palme bringen. Sarkastische Bemerkungen («Na toll! Wieder Frikadellen. Lecker!»), Schmähungen («Du bist doof!»), rhetorische Fragen («Bist du taub?») und höhnische Wiederholungen («Jajajaja») werden zu einem virtuosen Sprachfeuerwerk kombiniert. Das ist besonders wirkungsvoll, wenn Sie in Begleitung einer anderen Person sind.

Warum Kinder das tun

Verbal aggressive Kinder versuchen auf diese Weise, sich an ihren Eltern zu rächen.

Ihre Reaktion

Von einem Erwachsenen würden Sie sich ein derartiges Verhalten vermutlich nicht bieten lassen, Sie würden den Kontakt einfach abbrechen. Kommt die Aggression dagegen von den eigenen Kindern, fällt die Abgrenzung besonders schwer. Lassen Sie sich als Eltern provozieren, beginnt Ihr Familienleben allmählich einer Seifenoper zu ähneln. Wie kann man diesem schlechten Benehmen, das wirklich sehr unangenehm ist, einen Riegel vorschieben und gleichzeitig dabei die Ruhe bewahren?

Ihre Strategie

Gibt Ihnen Ihr Kind Widerworte, sollten Sie sich zunächst fragen, wie Sie selbst mit ihm reden. Vielleicht wäre es ein erster Schritt in die richtige Richtung, vor Ihrer eigenen Tür zu kehren.

Was Sie zuerst versuchen sollten

Finden Sie heraus, ob Sie Ihr Kind entweder verhätscheln oder es verbal niedermachen. Denken Sie einmal darüber nach. Kinder entwickeln ihre Verhaltensweisen meist nach dem Vorbild ihrer Eltern. Überschüttet Ihr Kind Sie mit Schimpfwörtern, dann hat es das sicherlich nicht im Fernsehen bei «Käpt'n Blaubär» gelernt. Es kann auch sein, dass Sie Ihr Kind so sehr verwöhnen, dass es meint, es sei selbst der Boss. Das Kind betrachtet Sie als eine ihm untergeordnete Person, die keinen Respekt verdient.

Die Lösung besteht darin, Ihrem Kind beizubringen, dass man nicht alles im Leben haben kann und dass jeder mit einer gewissen Achtung behandelt werden sollte. Sie könnten etwa Folgendes sagen: «Ich weiß, dass du dazu keine Lust hast, aber es muss trotzdem gemacht werden.» Damit wird zumindest den Gefühlen der Kinder Rechnung getragen.

Praktische Tipps

Übernehmen Sie selbst eine gewisse Verantwortung für das Fehlverhalten Ihres Kindes. Beobachten Sie einmal, ob Sie selbst ständig folgende Verhaltensweisen zeigen:

- Herumnörgeln: «Wie oft soll ich dir noch sagen, dass ...»
- Dinge immer beim Namen nennen: «Mein Gott, bist du unordentlich!»
- Sich selbst für unfehlbar halten: «Hättest du nur ein bisschen mehr Hirn, würdest du erkennen, dass ich ...»
- Dominant sein: «Weil ich es sage, darum!»
- Drängeln: «Los jetzt, mach schon! Beeil dich!»

Fassen Sie den Entschluss, mit Ihren Kindern genauso zu reden wie mit jedem Erwachsenen, zu dem Sie ein freundschaftliches Verhältnis haben.

Wenn Ihr Kind Sie beschimpft, sollten Sie aus dem Zimmer gehen. Schließen Sie sich, wenn es erforderlich sein sollte, mit einem guten Buch im Badezimmer ein, oder fahren Sie ein wenig mit dem Auto in der Gegend herum, wenn es sich um ein älteres Kind handelt. Geht es um ein kleineres Kind, fordern Sie das Kind auf, den Raum zu verlassen und erst zurückzukommen, wenn es in der Lage ist, den angemessenen Respekt zu zeigen. Geht das nicht, bringen Sie das Kind aus dem Zimmer. Lassen Sie sich nicht provozieren, sonst zieht Ihr Kind einen Nutzen aus seinem Fehlverhalten.

Manchmal erkennt ein Kind nicht, dass es zu weit gegangen ist. Bringen Sie Ihr Kind dazu, innezuhalten und über sein eigenes Verhalten nachzudenken. Sagen Sie zum Beispiel: «Ich lasse mich nicht gerne so nennen» oder «Glaubst du, dass das, was du gerade zu mir gesagt hast, in Ordnung ist?» Geben Sie dem Kind vor allem zu verstehen, dass es durch Widerworte nicht das bekommt, was es will.

Nutzen Sie die Methode des reflektierenden Zuhörens, wenn es Widerworte gibt (siehe Tipps in Kapitel 5). Hier zwei mögliche Gesprächsverläufe, wobei Szene B zeigt, wie man das reflektierende Zuhören erfolgreich praktiziert.

Szene A

Elternteil: «Verdammt noch mal! Ich habe dir doch schon fünfmal gesagt, du sollst ins Bett gehen. Es ist so, als würde ich gegen eine Mauer anrennen.»

Kind: «Du bist doof! Ich will nicht ins Bett gehen!»

Elternteil: «Rede nicht so mit mir. Ich bin deine Mutter.»

Kind: «Ich kann dich nicht ausstehen!»

Elternteil: «Jetzt reicht's aber! Du hast zwei Wochen Fernsehverbot!»

Szene B

Elternteil: «Es ist Zeit, ins Bett zu gehen. Warum bist du noch auf?»

Kind: «Ich will aber noch nicht ins Bett. Das ist ungerecht.»

Elternteil: «Gut, dass du mir das sagst. Ich wusste nicht, dass du so darüber denkst» (Dabei halten Kinder gewöhnlich abrupt inne).

Kind (immer noch verärgert, aber schwankend): «Es ist wirklich ungerecht!»

Elternteil: «Es hört sich so an, als ob du es wirklich nicht magst, wenn ich dir immer sage, du sollst ins Bett gehen.»

Kind: «Genau.»

Elternteil: «Vielleicht sollten wir beide uns einmal überlegen, welches für dich die beste Zeit ist, um schlafen zu gehen.»

Szene B ist ein Beispiel für eine gute Form der Konfliktlösung, die der Eltern-Kind-Beziehung nicht schadet, sondern ihr förderlich ist. Sie setzen diese Form der Kommunikation ein, um Ihrem Kind zu zeigen, dass Sie zuhören, und um ihm auf nicht-manipulative Weise zu erklären, was Ihrer Meinung nach gerade vor sich geht.

13 Weinerlichkeit

WENN IHR KIND JAMMERT

Das Verhalten

Von dem Augenblick an, in dem Ihr Kind aufwacht, bis zum Einschlafen wimmert und klagt es den ganzen lieben Tag lang. Immer wieder hören Sie das Gejammer: «Ich möchte ein Glas Saaaaft. Bitte, Mamiiiii!» oder «Ich mag das Essen nicht, ich will was anderes!»

Warum Kinder das tun

Dieses Verhalten ist einfach sehr wirkungsvoll.

Ihre Reaktion

Sowohl der weinerliche Tonfall als auch die endlosen Wiederholungen können Eltern zum Wahnsinn treiben. Es ist so, als hätte sich eine lästige Mücke in ihrem Kopf verirrt. Kinder wissen das instinktiv; daher kann Weinerlichkeit schnell zur wichtigsten Waffe im Kräftemessen zwischen Eltern und Kindern werden.

Ihre Strategie

Geben Sie einer weinerlich vorgebrachten Bitte nie nach.

Was Sie zuerst versuchen sollten

Störende Geräusche möchte man am liebsten sofort abstellen – also werden Sie versucht sein, dem Kind zu geben, wonach es verlangt. Wenn man jedoch nachgibt, lässt man zu, dass das Kind zwei Ziele auf einmal erreicht: Aufmerksamkeit und Bedientwerden. Ein voller Erfolg für das Kind! Wenn Sie sich auf diese Weise manipulieren lassen, ziehen Sie Nachwuchs groß, der auch noch im Erwachsenenalter zu Weinerlichkeit neigt.

Praktische Tipps

Vier Methoden, wie man es vermeiden kann nachzugeben:

1. Ignorieren Sie die Weinerlichkeit. Gewiss, es ist schwer, aber reagieren Sie auf gar keinen Fall auf eine jammernd vorgebrachte Bitte. Tun Sie so, als seien Sie beschäftigt. Geben Sie vor, nichts gehört zu haben. Das funktioniert vor allem bei Kindern, die mit diesem Verhalten Aufmerksamkeit erzwingen wollen.
2. Zeigen Sie dem Kind eine Alternative: «Ich mache dir gern ein Butterbrot, wenn du mich höflich darum bittest.»
3. Tun Sie etwas Unerwartetes: Begrüßen Sie Ihr Kind mit einem fröhlichen «Guten Morgen, mein Schatz!» statt des üblichen «Hör auf herumzujammern!». Der Überraschungseffekt wird das Kind zumindest für eine gewisse Zeit zum Schweigen bringen.
4. Sie sind das Objekt der Weinerlichkeit, also verlassen Sie das Zimmer. Wenn das Jammern aufhört, kommen Sie zurück. Gibt es eine Heulszene im Einkaufszentrum, bringen Sie Ihr

Kind nach Hause. Der Zooladen, die Pommes frites, das Spielzeuggeschäft – all das wird eben warten müssen.

Was Sie zur Vorbeugung tun können

Weinerlichem Verhalten können Sie am besten vorbeugen, indem Sie gutes Benehmen verstärken. Bittet Ihr Junge Sie auf nette Weise um etwas, geben Sie ihm zu verstehen, dass Sie das zu schätzen wissen: «Toll! Ich freue mich, wenn du mich so nett um etwas bittest.» Vermeiden Sie es unbedingt, selbst ins Jammern zu verfallen: «Du machst mich wahnsinnig! Wann hörst du endlich auf, mich zu nerven?» Das trägt nicht nur zum allgemeinen Lärmpegel bei, sondern es verringert auch das Selbstwertgefühl Ihres Kindes.

Suchen Sie aber vor allem nach Gelegenheiten, dazu beizutragen, dass Ihr Kind unabhängig wird. Das Kind kann sich zum Beispiel selbst anziehen und sich etwas zu essen holen. Platzieren Sie einen kleinen Imbiss an einem zugänglichen Ort in der Küche. Mit einem kleinen Hocker kann sich das Kind einen Becher voll Wasser holen. Sein Saft kann in einen kleinen Krug, der im unteren Bereich des Kühlschranks steht, gegossen werden. Gewiss ist es einfacher, wenn Sie selbst den Saft einschenken, als hinterher die unvermeidlichen Flecken wegzuwischen. Doch dadurch würden Sie Ihr Kind in seinem natürlichen Bedürfnis nach Unabhängigkeit einschränken. Die Mühe lohnt sich: Je mehr Sie Ihr Kind ermutigen, selbst etwas zu machen, desto weniger weinerlich wird es sein.

Noch ein Tipp: Arrangieren Sie mit Ihrem Kind ein kleines Gespräch unter vier Augen, wenn sich die Aufregung bei allen Beteiligten gelegt hat. Erklären Sie dem Kind in aller Ruhe, dass Sie schlicht nicht auf Weinerlichkeit reagieren. Beschreiben Sie genau, was Sie tun werden und was nicht, wenn Ihr Kind zu jammern beginnt. Es ist Ihre Sache, dem Kind beizubringen, welche anderen akzeptablen Verhaltensmöglichkeiten es gibt.

14 Zu viel Fernsehen

DIE TV-ZOMBIES

Das Verhalten

Fernsehen ist schon für Erwachsene etwas Verführerisches, und das gilt in verstärktem Maße für Kinder. Schalten Sie das Fernsehgerät an und beobachten Sie, wie Ihre Kinder sich in großäugige Zombies verwandeln. Sie spielen nicht mehr, sie tauschen sich auch nicht untereinander aus. Sie starren nur noch auf den Bildschirm und sehen sich alles Mögliche an: Zeichentrickfilme, Serien, Werbung, ihr Lieblingsvideo, und das gleich fünfmal hintereinander. Manchmal stoßen sie beim Herumzappen auch auf Sendungen, die Erwachsene zum Erröten bringen würden. Fernsehen macht Kinder still – was manche geplagte Eltern dazu verleitet, das Fernsehgerät als Babysitter einzusetzen.

Warum Kinder das tun

Diese Frage können Sie leicht selbst beantworten!

Ihre Reaktion

Sie haben Sorge, dass Ihr Kind zu viel fernsieht und kreativere Beschäftigungen wie Malen und Lesen vernachlässigt. Sie möchten verhindern, dass das Kind zum Konsum erzogen wird, und würden gerne die Kontrolle darüber behalten, was Ihr Kind sieht. Kein leichtes Unterfangen, zumal das Fernsehgerät heutzutage im Familienleben häufig eine zentrale Rolle spielt.

Ihre Strategie

Bei älteren Kindern: Bringen Sie dem Kind bei, dass einige Programme gut und andere schädlich sind. Entscheiden Sie dann gemeinsam mit Ihrem Kind darüber, was und wie viel es sich ansieht. Bei einem kleineren Kind (fünf Jahre und jünger) sollten Sie die Zeit vor dem Fernseher einschränken und es dabei immer beaufsichtigen.

Was Sie zuerst versuchen sollten

Strenge Fernsehverbote sind nicht der richtige Weg. Setzen Sie sich zusammen mit Ihren Kindern vor den Fernseher und beobachten Sie, was sie sich ansehen. Zügeln Sie Ihr natürliches Bedürfnis, Regeln aufzustellen und alles zu zensieren. Ältere Kinder werden eine verbotene Sendung, wenn sie es sich in den Kopf gesetzt haben, einfach andernorts sehen.

Kleinere Kinder sollten Sie nur sehen lassen, was Sie bereits geprüft haben. Verwenden Sie Ihren Videorecorder, damit Sie die Angemessenheit einer Sendung beurteilen können. Besorgen Sie Filme, die für Kinder geeignet sind, und lassen Sie kleine Kinder keine Nachrichten angucken, da sie oft voller Gewalt sind. Lassen Sie Ihre Kinder Programme sehen, die speziell für Kinder produziert wurden, zum Beispiel Sendungen ohne Werbung im Kinderkanal.

Praktische Tipps

Lassen Sie nicht ständig den Fernseher laufen, vor allem, wenn niemand hinsieht. Sorgen Sie dafür, dass Fernsehen zu einem besonderen Ereignis wird.

Blättern Sie zusammen mit Ihren Kindern die Fernsehzeitschrift durch und benutzen Sie einen Marker, um die Sendungen anzustreichen, auf die Sie sich geeinigt haben. Schalten Sie den Fernseher aus, sobald die Sendung zu Ende ist.

Gewalt im Fernsehen ist kein großes Problem, wenn Sie dafür sorgen, dass Ihre Kinder in einem liebevollen Elternhaus aufwachsen, in dem es nicht zu wirklicher körperlicher oder verbaler Gewalt kommt.

Sie sollten eine ganze Reihe von interessanten Aktivitäten mit der Familie einplanen, bei denen es nicht um Fernsehen geht. Dazu gehört mehr als ein paar spannende Bücher oder ein Monopoly-Spiel. Fernsehen übt eine magnetische Wirkung aus und Sie müssen kreativ werden, um dagegen anzukommen. Hier einige Tipps und Anregungen:

- Planen Sie pro Woche ein oder zwei Familienabende ein. Machen Sie sich keine Gedanken, wenn es nicht immer spannend ist. Die meisten Kinder würden lieber mit Ihnen zusammen «Memory» spielen, als zu sehen, wie sich Tom und Jerry über den Bildschirm jagen. Alles, was Sie dazu brauchen, ist Zeit.
- Besorgen Sie viele Spiele und gehen Sie sicher, dass Ihr Haus voller Bücher ist. Spielen Sie mit Ihren Kindern – wenn Ihnen keine Spiele einfallen, lassen Sie sich von Spielebüchern aus der örtlichen Bücherei anregen.
- Ermuntern Sie Ihre Kinder dazu, Freunde nach Hause einzuladen, und lassen Sie die kleinen Gäste zur Unterhaltung der Familie beitragen.

Sex und Gewalt im Fernsehen

Wenn es um Sex und Gewalt im Fernsehen geht, hätten Eltern gern eine Zensurvorrichtung: ein Gerät, das den Empfang von Programmen abblockt, die Gewaltszenen enthalten. Das wäre eine bequeme Lösung, die optimale Kontrollmöglichkeiten bietet. Allerdings können Sie ohnehin nicht kontrollieren, was Ihre Kinder bei Freunden sehen, und Sie wollen ihnen ja auch beibringen, wie sie zwischen guten und schlechten Sendungen unterscheiden können. Die Kinder sollen lernen, Verantwortung zu übernehmen.

Sehen Sie mit Ihren Kindern zusammen fern. Lehren Sie sie, wie sie mit Gewaltszenen umgehen können, indem Sie Fragen stellen wie:

- «Glaubst du, dass es richtig war, wie die beiden miteinander umgegangen sind?»
- «Wie hätten sie das Problem anders lösen können?»
- «Glaubst du, dass Menschen, die sich derartig prügeln, wirklich so auseinander gehen können?»
- «Warum, glaubst du, kommen in diesen Sendungen so viele Menschen mit Pistolen vor?»
- «Glaubst du wirklich, dass du das sehen musst?»

Die Macht der Gewohnheit

15 Körperpflege

Das Verhalten

Die meisten Kinder machen sich keine Gedanken über die Körperpflege. Das kommt erst später in der Pubertät mit dem Aufwallen der Hormone. Bis dahin können Kinder völlig sorglos mit einer dicken Schmutzschicht durch die Gegend laufen. Sie weigern sich, das Lieblings-T-Shirt auszuziehen, obwohl von der ursprünglichen Farbe schon nichts mehr zu erkennen ist.

Warum Kinder das tun

Es macht viel mehr Spaß, mit Freunden im Matsch zu spielen, als den Matsch in der Badewanne abzuwaschen. Für die meisten Kinder ist Körperpflege einfach unwichtig, genauso wie die anderen Erwachsenensorgen Pünktlichkeit und Sparsamkeit. Wenn Sie ständig deswegen auf Ihrem Kind herumhacken, könnten Sie seinen Trotz provozieren. Und je älter das Kind wird, desto wahrscheinlicher ist es, dass unzureichende Körperhygiene etwas mit Rebellion zu tun hat, vor allem wenn Sie selbst eine «Sauberkeitsfanatikerin» sind.

Ihre Reaktion

Sie haben Angst, dass durch die mangelnde Sauberkeit die Gesundheit Ihres Kindes in Mitleidenschaft gezogen wird – sei es nun durch Karies oder durch eine Infektionskrankheit. Außerdem fragen Sie sich auch, ob es ein schlechtes Licht auf Sie als Eltern wirft, wenn Ihr Kind so dreckig herumläuft.

Ihre Strategie

Entspannen Sie sich. Sorgen Sie einfach dafür, dass Baden und Körperpflege mehr Spaß machen. Will das Kind schmutzig sein, handelt es sich um einen Machtkampf. Erklären Sie ihm die Konsequenzen, die es im sozialen Bereich zu spüren bekommen wird.

Was Sie zuerst versuchen sollten

Hören Sie auf, sich darüber zu sorgen, was die anderen Leute denken könnten. Das ist leichter gesagt als getan, aber Sie sollten einen klaren Trennstrich ziehen zwischen dem kleinen Dreckspatz und Ihrem eigenen Stolz. Das Verhalten Ihres Kindes wirft kein schlechtes Licht auf Sie. Wenn Sie sich das klarmachen, kann Ihr Kind die mangelnde Hygiene nicht als Druckmittel verwenden.

Erwachsene haben manchmal übertriebene Vorstellungen von Körperpflege. Kinderärzte bestätigen, dass es ausreicht, Kinder einmal in der Woche zu baden. Das Wichtige dabei ist, im positiven Sinne Rituale zu schaffen, so dass die Kinder sauber werden, ohne groß darüber nachzudenken – und ohne einen Machtkampf anzuzetteln.

Praktische Tipps

Sorgen Sie dafür, dass die Körperpflege dem Kind Spaß macht. Benutzen Sie pflegende Schaumbäder und schönes Badespielzeug. Kinder sind nach dem Essen oft müde – zu müde, um ohne Widerrede zu baden; überraschen Sie sie deshalb ab und zu mit einem Bad am Samstagnachmittag. Machen Sie daraus ein besonderes Ereignis.

Bringen Sie Ihren Kindern etwas bei. Erklären Sie ihnen, was es mit Bakterien auf sich hat. Nehmen Sie Bilderbücher zu Hilfe oder bitten Sie einen Arzt, eine Krankenschwester oder einen Zahnarzt um Unterstützung.

Manche Kinder sind besonders berührungsempfindlich. Gehen Sie sanft mit solchen Kindern um, besonders beim Haarewaschen. Benutzen Sie ein Shampoo, das die Augen nicht reizt, und einen aufgerollten Waschlappen, um die Augen vor der Seife zu schützen. Lassen Sie Ihr Kind üben, seiner Puppe die Haare zu waschen und zu kämmen. Auf diese Weise lernt das Kind, das Haarewaschen zu akzeptieren.

Setzen Sie beim Zähneputzen eine Eieruhr ein, damit Ihr Kind weiß, wie lange es damit weitermachen muss.

Gemeinsames Zähneputzen macht mehr Spaß: Das funktioniert besonders gut bei Kindern unter fünf Jahren, die gerne mit anderen zusammen sind und die gerne das nachmachen, was Sie tun.

Appellieren Sie an die kindliche Eitelkeit. Geben Sie dem Kind zu verstehen, wie umwerfend es ist, wenn es frisch riecht sowie strahlende Zähne und glänzende Haare hat.

Bleiben Sie konsequent

Wenn all das nicht klappt, regen Sie sich nicht auf, schreien und jammern Sie nicht herum, verfallen Sie nicht ins Betteln und putzen Sie Ihrem Kind nicht gegen seinen Willen die Zähne. Probieren Sie jedoch die folgenden natürlichen und logischen Konsequenzen aus:

- Machen Sie Ihrem Kind klar, dass es Karies bekommt, wenn es sich nicht die Zähne putzt. Sagen Sie Ihrem Zahnarzt, er soll dem Kind ein Bild eines verfaulten Zahnes zeigen. Und dann warten Sie auf das Loch im Zahn. Sie haben Ihr Kind gewarnt; und wenn sich Ihre Vorhersage als richtig erweisen sollte, stärkt das Ihre Autorität. Rationieren Sie die Süßigkeiten, bis das Kind anfängt, sich wieder besser um seine Zahnpflege zu kümmern.
- Weisen Sie Ihr Kind auf die offensichtlichen sozialen Folgen von Dingen wie Mund- und Körpergeruch hin.
- Ist seine Kleidung wirklich dreckig, verbieten Sie Ihrem Kind, sich auf Ihre Möbel zu setzen. Sagen Sie ihm, Sie könnten so nicht mit ihm ausgehen, weil alle es abstoßend fänden. Wenn sich das Kind nicht waschen will, rufen Sie einen Babysitter und gehen allein aus.

16 Dumme Angewohnheiten

DAUMENLUTSCHER & CO

Das Verhalten

Daumennuckeln, Nasebohren, Nägelkauen, Haareablutschen, Hautabreißen – Kinder großzuziehen ist nicht immer schön. Kinder entwickeln schlechte Angewohnheiten, die man ihnen nur schwer abgewöhnen kann.

Warum Kinder das tun

Sie fangen damit an, weil es ihnen Spaß macht. Am Daumen zu lutschen, kann beruhigend wirken, an den Nägeln zu kauen, kann Spannungen abbauen, und dieses Zeug in der Nase muss auch irgendwie heraus. Ihr Kind will Sie mit diesem Verhalten nicht ärgern oder provozieren, es sei denn, Sie versuchen so sehr es zu ändern, dass es selbst zum zentralen Punkt des Machtkampfes wird. Auch wenn das Kind mit diesem Verhalten ein bestimmtes Ziel verfolgt, ist dieses Ziel gewöhnlich unbewusst.

Ihre Reaktion

Wenn Ihr Kind mit dem Daumen im Mund herumläuft, fragen Sie sich, wie es auf andere wirken wird, ganz zu schweigen von den gesundheitlichen Auswirkungen auf seine Zähne. Und Nägelkauer sehen so nervös und neurotisch aus – liegt der Fehler etwa bei Ihnen? Ihr Kind dabei zu beobachten, wie es seinen Finger bis zum Gehtnichtmehr in die Nase bohrt, berührt Sie einfach unangenehm. Wie können Sie es dazu bringen, damit aufzuhören?

Ihre Strategie

Bewahren Sie Ruhe, ganz gleich, wie schlimm Ihnen diese Angewohnheiten erscheinen mögen. Wenn Sie aus einer Mücke einen Elefanten machen, wird Ihr Kind dieses Verhalten noch länger beibehalten.

Was Sie zuerst versuchen sollten

Machen Sie sich nicht so viele Gedanken über die Ursache dieses Verhaltens. Sie sollten Ihren Kindern stattdessen gute Gründe anbieten, um damit aufzuhören. Sagen Sie ihnen beispielsweise, dass es keine gute Sache ist, am Daumen zu lutschen, weil es nicht nett aussieht und man sie damit aufziehen könnte und weil sie dadurch hässliche Zähne bekommen werden.

Noch ein Tipp: Beschimpfen Sie Ihr Kind nicht, indem Sie ihm sagen, es schaue aus wie ein Baby. Und übertreiben Sie es nicht mit den großartigen Gründen zum Aufhören. Wenn Sie der schlechten Angewohnheit zu viel Gewicht geben, wird Ihr Kind dieses Verhalten einsetzen, um Macht oder Aufmerksamkeit zu erringen.

Denken Sie immer daran: Wenn Sie auf dem Thema herumrei-
ten, verschlimmern sich schlechte Angewohnheiten nur. Ist Ihr
Kind auf Macht aus und Sie sagen ihm ständig, es solle nicht an
seinen Haaren lutschen, dann können Sie sicher sein, dass es
genau das tun wird. Will das Kind Ihre Aufmerksamkeit, ist ein
Finger in der Nase die einfachste Methode, sie zu bekommen.
Abgesehen davon können Sie sich gewöhnlich darauf verlassen,
dass der Druck von Seiten der Gleichaltrigen das erreichen
wird, was Sie selbst nicht geschafft haben. Geht Ihr Kind erst
einmal in die Schule, sollten die Hänseleien und Rippenstöße,
die es wegen des Daumenlutschens oder Nasebohrens bekommt, dem Ganzen schnell ein Ende bereiten.

Praktische Tipps

Sprechen Sie nicht mit Ihrem Kind und widmen Sie ihm keine
Aufmerksamkeit, wenn es am Daumen lutscht (oder an den
Nägeln kaut oder in der Nase bohrt). Fangen Sie in dem
Moment an, mit dem Kind zu sprechen, wenn der Daumen
wieder draußen ist.

Wenn das Verhalten Sie wirklich aufregt, fordern Sie Ihr Kind
auf, das Zimmer zu verlassen. Geben Sie dem Kind zu verstehen, dass schlechte Angewohnheiten abstoßend sind (sagen Sie
Ihrem Kind nie, dass es selbst abstoßend ist), außerdem respektlos gegenüber anderen Menschen. Wenn es damit aufhört, kann
es wieder ins Zimmer zurückkommen.

Wenn ein Kind vier oder fünf Jahre alt ist, können Sie mit ihm
darüber reden, wie es mit der schlechten Angewohnheit aufhören könnte. Sagen Sie etwa Folgendes: «Ich weiß, dass es
schwer für dich ist, damit aufzuhören. Lass uns sehen, was wir
machen können, um dir dabei zu helfen.» Ist Ihr Kind allzu
sehr in seine Angewohnheit verstrickt, machen Sie einen Versuch mit Hilfsmitteln wie Bällchen, die über den Daumen ge-

stülpt werden, oder übel schmeckenden Flüssigkeiten, die man auf Daumen oder Nägel auftragen kann (fragen Sie Ihren Arzt danach). Guter Tipp: Viele Mädchen werden mit dem Nägelkauen aufhören, wenn Sie ihnen erlauben, sich die Nägel zu lackieren.

17 Probleme mit der Sauberkeitserziehung

DER WEITE WEG ZUM KLO

Das Verhalten

Sie können es nicht fassen: Ihr Kind macht in die Hose – und das nach einer wie Sie dachten sorgfältigen und erfolgreichen Sauberkeitserziehung. Schlimmer noch, manche Kinder hinterlassen solche Botschaften an seltsamen Orten wie hinter dem Sofa. Kinder können da sehr kreativ werden, etwa wenn kleine Jungen viel Spaß daran haben, die Treppe hinunterzupinkeln. Und es kann in jedem Alter vorkommen, selbst bei Zehnjährigen. Ihr Kind weiß, wie man die Toilette benutzt, aber aus irgendeinem Grund tut es das nicht.

Warum Kinder das tun

Toilettenterror hat etwas mit Macht zu tun. Im Kern ist es eine Form von Rebellion, wenn ein Kind den Gang zum Klo verweigert. Es sagt damit: «Ich gehe dahin, wo ich will.» Es sagt auch: «Ich werde nicht damit aufhören, Spaß zu haben, weil ich zum Klo muss.» Die eine Rebellion richtet sich gegen Sie, die andere gegen die Anforderungen, die das Leben an die Kinder stellt. Wenn das Kind sein Verhalten nicht ändert, sollten Sie natürlich einen Arzt aufsuchen, um körperliche Ursachen auszuschließen.

Ihre Reaktion

Die Toilettenverweigerung Ihres Kindes macht Ihnen Angst, die Freunde Ihres Kindes reagieren auch nicht gerade erfreut. Für Eltern ist dieses Verhalten nicht nur abstoßend, es ist ihnen peinlich. Natürlich fühlen Sie sich schlecht, wenn die Lehrerin anruft und Sie bittet, Ihr Kind abzuholen und es zu säubern. Sie sind verärgert und frustriert und glauben, Sie seien irgendwie mitverantwortlich für dieses Fehlverhalten, das Sie liebend gerne ändern würden.

Ihre Strategie

Ob Sie es nun glauben oder nicht: Es ist die beste Lösung, sich einfach zu entspannen und es dem Kind selbst zu überlassen.

Was Sie zuerst versuchen sollten

Tun Sie absolut gar nichts, denn Sie wollen die ganze Sache schließlich nicht verschlimmern oder länger als unbedingt nötig andauern lassen. Mit der Zeit wird sich das Problem von selbst lösen. Wenn Ihnen die kleinen Überraschungspakete jedoch allmählich stinken, hier einige Tipps, wie Sie diese übelriechende Entwicklungsphase Ihres Kindes verkürzen können.

Praktische Tipps

Präparieren Sie einen kleinen «Unfallkoffer» (bei einem Kind, das über viereinhalb Jahre alt ist). Sagen Sie zu dem Kind: «Manchmal passieren eben kleine Unfälle. Ich werde dir zeigen, wie du dich sauber machen kannst.» Der Koffer könnte einen Behälter für schmutzige Hosen, einen nassen Waschlappen, Seife und ein Handtuch enthalten. Ist das Kind erst einmal sauber, kann es sich auch selbst anziehen. Geben Sie so wenig Hilfestellung wie möglich, doch bei kleineren Kindern werden Sie helfend zur Hand gehen müssen. Gehen Sie dabei rasch und geschäftsmäßig vor, es sollte kein heiteres Spiel daraus werden.

Lassen Sie Ihr Kind die Konsequenzen spüren, wenn es mit vollen Hosen herumläuft. Erinnern Sie es daran, dass andere Leute so etwas nicht gerne riechen. Fordern Sie das Kind auf, in der Toilette zu bleiben, bis es sich selbst den Po abgeputzt hat. Legen Sie dort etwas Spielzeug für das Kind bereit.

Was Sie tun sollten

Geben Sie Ihrem Kind zu verstehen, dass Sie es trotzdem mögen. Ermutigen Sie das Kind dazu, diese Angewohnheit abzulegen, indem Sie sagen: «Ich weiß, du kannst das schaffen!»

Was Sie vermeiden sollten

Machen Sie keine große Sache daraus, wenn das Kind tatsächlich die Toilette benutzt. Zeigen Sie eine gelassene Zuversicht.

Reagieren Sie nicht übertrieben. Wenn Sie den Versuch unternehmen, Ihr Kind in die Richtung zu drängen, in der Sie es haben wollen, lassen Sie sich auf ein Kräftemessen ein. Auch hier gilt: Bewahren Sie die Ruhe, selbst wenn es Ihnen schwer fällt.

Halten Sie Ihrem Kind keine Vorträge über den Gang zur Toilette. Kinder sind schlau – sie wissen schon, dass es nicht richtig ist, in die Hosen zu machen. Sie sollten einem Kind nie etwas erklären, was es bereits weiß.

Erwarten Sie nicht, dass sich über Nacht etwas ändert. Solche Toilettenprobleme können drei bis sechs Monate anhalten, abhängig davon, wie gut Sie mit der Situation umgehen. Und behalten Sie im Hinterkopf: Es kann auch einmal aus Zufall etwas in die Hose gehen, oder es kann situationsabhängig passieren; wenn das Kind es jedoch jeden Tag macht, versucht es, Sie an einem wunden Punkt zu treffen.

Belohnen Sie Ihr Kind nicht mit Geld oder Süßigkeiten, wenn es den Weg zur Toilette schafft. Sie riskieren auf diese Weise, dass das Kind sein Fehlverhalten benutzt, um sich seinen «Lohn» zu verschaffen.

18 Auseinandersetzungen um die Kleidung

«NICHT SCHON WIEDER DIESE ALTEN JEANS!»

Das Verhalten

Manchmal wird es zu einem Problem, wenn Eltern und Kinder unterschiedliche Vorstellungen davon haben, welche Kleidung noch akzeptabel ist. Ein Kind kann ein bestimmtes Lieblings-Outfit haben – vielleicht sind es Jeans und ein T-Shirt oder Leggings und ein sackartiger Pullover – und sich weigern, irgendetwas anderes auch nur in Betracht zu ziehen. Manche Kinder verabscheuen ordentliche Kleidung und würden lieber sterben, als sich sonntags für Oma nett anzuziehen. Dann wieder gibt es Mädchen, die darauf bestehen, auf dem Spielplatz ein Rüschenkleid zu tragen. Besonders häufig: Kinder, die sich weigern, an kalten Wintertagen auf dem Weg zur Schule einen warmen Mantel zu tragen. Selbstverständlich kommen diese Auseinandersetzungen um die Kleidung immer zur stressigsten Zeit auf: wenn die Kinder sowieso schon für die Schule spät dran sind oder wenn Sie sich gerade zum Ausgehen fertig machen.

Warum Kinder das tun

Auszuwählen, welche Kleidung man tragen soll, ist eine sehr persönliche Angelegenheit. Es ist nur natürlich, dass Menschen – und zwar bereits im Kindesalter – durch ihre Kleidung ihre Individualität oder ihre Zugehörigkeit zu einer bestimmten sozialen Gruppe zum Ausdruck bringen wollen. Streitet man sich über die Kleidung, dann geht es darum, ein wenig Kontrolle über das eigene Leben zu haben. Außerdem hassen es die meisten Kinder, vor allem Jungen, sich fein zu machen. Einengende Kleidung schränkt ihre Bewegungsfreiheit ein, und sie möchten nichts anziehen, wofür sie sich bei ihren Freunden schämen müssten.

Ihre Reaktion

Es ist Eltern praktisch nicht möglich, sich zurückzuhalten und ihrem Kind nicht zu sagen, was es tragen soll. Tatsache ist: Die Aufgabe, Ihr Kind dazu zu bewegen, sich nach Ihren Wünschen zu kleiden, ist ebenso undankbar wie hoffnungslos.

Ihre Strategie

Was Ihr Kind trägt, sollte ihm überlassen bleiben. Ist die Kleidung nicht angemessen, lassen Sie es unter den Konsequenzen leiden. Überlassen Sie dem Kind die Entscheidung – das ist am wichtigsten.

Was Sie zuerst versuchen sollten

Geben Sie Ihrem Kind die nötigen Informationen und halten Sie sich dann zurück. Sieben- oder Achtjährige können eine ganze Reihe von Entscheidungen selbst treffen. Ihre Aufgabe ist es, dem Kind beizubringen, wie es zu guten Entscheidungen kommt. Fragen Sie Ihr Kind, wie man sich seiner Meinung nach kleiden soll, wenn die Temperatur 10 Grad unter Null ist. Wenn es Sie dabei beobachtet, wie Sie sich anziehen, können Sie beispielsweise sagen: «O ja, es wird heute sicher kalt werden. Ich ziehe besser meinen Pullover an.» Auf diese Weise bekommt Ihr Kind Hinweise, keine Befehle.

Praktische Tipps

Bringen Sie Ihrem Kind bei, wie man das Thermometer abliest oder wie der Wetterbericht morgens in der Zeitung zu verstehen ist. Weisen Sie darauf hin, was passieren könnte, wenn es in einem Schneesturm Shorts und ein T-Shirt trägt. Lassen Sie zu, dass das Kind tatsächlich einmal die Folgen unangemessener Kleidung zu spüren bekommt – keine so schwer wiegenden Folgen, dass es gesundheitlichen Schaden nimmt, aber schlimm genug, um Ihr Kind dazu zu bringen, dass es Ihnen (und dem Thermometer) künftig mehr traut. Fangen Sie im Herbst damit an, bevor das Wetter wirklich schlimm wird. Sie können ihm einen Schubs in die richtige Richtung geben, wenn Sie seinen Kleiderschrank in dieser Jahreszeit nur mit Winterkleidung aufstocken.

Wenn Sie mit Ihrem Kind einkaufen gehen, bringen Sie ihm bei, wie man unterschiedliche Oberteile und Unterteile miteinander kombiniert.

Manche Kinder reagieren empfindlich auf bestimmte Materialien – das Prinzessin-auf-der-Erbse-Syndrom. Achten Sie auf kratzige Stoffe, engen Sitz oder auf Nähte, die scheuern oder störend wirken.

Heutzutage sind die Kleidersitten ziemlich locker. Wenn es jedoch wichtig für Sie ist, dass Ihr Kind sich bei einer besonderen Gelegenheit fein macht, dann sollten Sie vorausplanen. Bestellen Sie einen Babysitter: Wenn das Kind nicht mitmacht, muss es eben zu Hause bleiben. Es wird das nicht mögen, und Sie auch nicht; aber man muss in der Regel nur einmal zu diesem Mittel greifen. Es hat auch etwas Positives: Ihr Kind lernt, dass es im Leben gesellschaftliche Anforderungen gibt, an die man sich manchmal anpassen muss.

Noch ein Tipp: Bei Kindern sind beharrliche Vorlieben für eine bestimmte Kleidung häufig nur ein Durchgangsstadium. Wenn Sie keine große Sache daraus machen, wird das Ganze wahrscheinlich nicht von Dauer sein.

Was Sie tun sollten

Sie sollten erkennen, dass Sie einen großen Einfluss haben, aber nur, wenn Sie geschickt vorgehen. Wenn Sie ein wählerisches Kind haben, nehmen Sie es mit zum Kleidungskauf. Ermuntern Sie es auf freundliche Weise, verschiedene Sachen auszuprobieren.

Wenn Ihr Kind gerade nur Leggings und Sweatshirts tragen will, finden Sie sich damit ab und schlagen Sie sich alles andere eine Zeit lang aus dem Kopf.

Übertragen Sie Ihrem Kind die Verantwortung dafür, sein momentanes Lieblingskleidungsstück selbst zu waschen. Ist es bei der Körperpflege etwas schlampig, weisen Sie das Kind darauf hin, welche Wirkung dies auf andere haben kann.

Was Sie vermeiden sollten

Lassen Sie sich wegen der Kleidung nicht auf ein Kräftemessen ein. Das ist eine Schlacht, die Sie nicht gewinnen können und die Sie in den meisten Fällen gar nicht erst austragen sollten.

Sorgen Sie dafür, dass nicht alle so ein Theater machen («Oh, sieht die Kleine nicht süß aus!»), wenn Sie nicht wollen, dass Ihre Tochter sich auf Rüschenkleider festlegt.

Versuchen Sie nicht Ihrem Kind Ihren eigenen Kleidungsstil aufzudrängen. Sie sollten erkennen, dass Kinder viel besser wissen, was in ihrem sozialen Umfeld momentan in ist, als Sie. Wie würden Sie es finden, wenn Ihre Kinder von Ihnen verlangen würden, dass Sie in einem rosa Barbiekleid zur Arbeit gehen?

Wie Sie kleinen Kindern helfen können

Natürlich müssen Sie einem zwei- oder dreijährigen Kind bei der Auswahl seiner Kleidung helfen. Der Trick besteht darin, dass Sie dem Kind eine gewisse Entscheidungsfreiheit lassen, so dass es das Gefühl hat, etwas Kontrolle über sein eigenes Leben zu haben. Legen Sie ihm zwei oder drei Kleidungsvarianten hin – nicht so viele, damit es nicht überfordert wird, aber genügend, damit es das Gefühl bekommt, seine Kleidung selbst ausgewählt zu haben. Unternehmen Sie nicht den Versuch, aus Ihrem Kind eine perfekt ausstaffierte Puppe machen zu wollen. Verhindern Sie, dass die Kleidungsfrage für Ihr Kind zu einem regelrechten Stressthema wird. Wenn ein kleines Mädchen im Haus nur mit einem Badeanzug und einem Ballettröckchen bekleidet herumlaufen will, warum nicht? Besteht Ihr Kind auf einer besonders wilden Kombination aus Streifen und Karos – das meiste davon falsch herum angezogen –, gratulieren Sie ihm zu seiner Entschlusskraft (wobei Sie das Kind gleichzeitig dazu ermuntern sollten, jedem zu erzählen, dass es sich ganz alleine so angezogen hat).

Kleinere Kinder sollten Sie ebenfalls frieren oder nass werden lassen, wenn sie Kleidung tragen, die nicht warm genug ist – natürlich nicht so sehr, dass sie Schaden davontragen, aber ausreichend, um ihnen eine Lektion zu erteilen. Sie sollten einfach daran denken, dass Kindern warm ist, wenn sie im Haus sind, und dass sie Schwierigkeiten haben, sich vorzustellen, dass es draußen anders sein wird.

19 Das unordentliche Zimmer

CHAOSZONE KINDERZIMMER

Das Verhalten

Es ist schon erstaunlich, welche Wirkung sich mit ein paar vergammelten Äpfeln, der dreckigen Wäsche von einer Woche und einem offenen Legokasten erzielen lässt. Eine verschwindend kleine Minderheit von Kindern ist zwanghaft ordentlich. Die überwältigende Mehrheit betrachtet den Fußboden in ihrem Zimmer als riesiges Auffangbecken für all ihre Besitztümer.

Warum Kinder das tun

Obwohl die zwanghaft Ordentlichen unter uns Durcheinander nicht ausstehen können, halten manche Menschen es für eine gewisse Freiheit, ein unordentliches Zimmer zu haben – es kann sehr anregend sein. An unglaublich unordentlichen Schreibtischen ist schließlich schon Großartiges geleistet worden. Und jeder Mensch braucht seinen eigenen Raum. Wenn Sie Ihrem Kind vorschreiben, wie sein Zimmer auszusehen hat, ist es in Wirklichkeit nicht mehr sein eigener Raum.

Ihre Reaktion

Ein unordentliches Kinderzimmer kann Eltern zur Verzweiflung treiben. Sie haben Angst, dass aus ihrem Kind ein schlampiger Erwachsener wird, der weder seine Socken noch eine Arbeitsstelle findet. Andere Eltern halten Unordnung schlicht für respektlos. Sie finden den Anblick des unaufgeräumten Kinderzimmers unerträglich und meinen, ihr Kind müsse sich gefälligst nach ihren Vorstellungen richten.

Unordnung im Kinderzimmer ist in vielen Familien ein hoch brisantes Thema. Doch die Auseinandersetzung darüber kann schlimmer sein als die Unordnung selbst.

Ihre Strategie

Ob Sie es nun mögen oder nicht, es ist das Zimmer Ihres Kindes. Wenn Sie es nicht schaffen, die Unordnung zu ertragen, sorgen Sie dafür, dass Ihr Kind die Tür hinter sich zumacht.

Was Sie zuerst versuchen sollten

Weigern Sie sich, das Zimmer Ihres Kindes zu betreten. Sagen Sie ihm, es sei zu unordentlich, als dass Sie auch nur darüber nachdenken würden hineinzugehen. Hüten Sie sich davor, sich einen Weg zum Bett Ihres Kindes zu bahnen. Es weiß, was das bedeutet: keine Gute-Nacht-Geschichte und kein Gute-Nacht-Kuss. Das klingt vielleicht hart, ist aber wirkungsvoll. Und es handelt sich nicht um ein despotisches Auftreten, weil Sie dem Kind sagen, was Sie tun werden, nicht, was es zu tun hat.

Praktische Tipps

Gehen Sie mit gutem Beispiel voran. Wenn Sie die Angelegenheit mit dem Kinderzimmer aufbauschen, sollten Sie darauf achten, dass Ihr eigenes Zimmer mustergültig aufgeräumt ist.

Ist die Unordnung wirklich überwältigend, fragen Sie Ihr Kind, ob es Hilfe braucht. Wenn Sie ihm beim Aufräumen helfen, vermeiden Sie die klassischen Sätze, die Eltern bei dieser Gelegenheit einfallen: «Wie kannst du nur in diesem Chaos leben?» oder «Dein Zimmer sieht aus, als wäre ein Orkan hier durchgefegt.»

Sorgen Sie dafür, dass es im Kinderzimmer viele Möglichkeiten gibt, Dinge zu verstauen: Regale, Kästen und Behälter. Wenn es um Kinder geht, kann Ihr Organisationstalent gar nicht ausgeprägt genug sein.

Sorgen Sie dafür, dass sich das Bett leicht machen lässt. Schaffen Sie ein leichtes Federbett an, das Ihr Kind einfach über die Matratze werfen kann.

Manche Eltern verbieten ihren Kindern, Freunde auf ihr Zimmer mitzunehmen, wenn es unordentlich ist. Das ist ein Fehler: Kindern ist es im Allgemeinen wichtig, was Gleichaltrige meinen. Sagt ein Freund zu ihnen, ihr Zimmer sei ein Saustall, ist das sehr viel wirkungsvoller, als wenn diese Botschaft von den Eltern kommt.

Wenn sonst nichts wirkt, können Sie darauf bestehen, dass die Tür zum Kinderzimmer verschlossen bleibt. Das macht Ihr Kind mit dem Gedanken vertraut, dass seine Handlungen Auswirkungen auf andere Menschen haben. Falls Sie sich jetzt durch den bloßen Gedanken an die Unordnung immer noch gestört fühlen, sollten Sie sich eingestehen, dass das Problem in Wirklichkeit bei Ihnen liegt.

Der entscheidende Punkt: Sehen Sie es einmal von dieser Seite – die Lieblingsjeans in einem unübersichtlichen Kleiderhaufen zu verlieren ist eine großartige Methode, um die Folgen von Unordnung zu erfahren. Wenn Sie Ihr Kind ständig daran erinnern, dass es sein Chaos beseitigen soll, nehmen Sie ihm die Verantwortung ab.

Wie Sie kleinen Kindern helfen können

Die praktischen Probleme, wie man ein unordentliches Zimmer aufräumt, können für kleine Kinder unter fünf Jahren zu viel sein. Außer dass Sie ihnen beibringen, wie man aufräumt, müssen Sie ihnen zeigen, welchen Wert es hat, wenn man ein sauberes Zimmer besitzt. Sorgen Sie dafür, dass das Aufräumen zum festen Bestandteil des Tagesablaufes wird; so laufen die Dinge nicht aus dem Ruder.

Ihre grundlegende Einstellung sollte die folgende sein: «Das ist dein Raum. Wenn du willst, dass ich dir beim Saubermachen helfe, werde ich das tun. Wenn nicht, dann liegt die Entscheidung bei dir.» (Weitere praktische Ratschläge finden Sie in dem folgenden Kapitel «Unordnung im Haushalt».)

20 Unordnung im Haushalt

DIE HÄUFCHENMACHER

Das Verhalten

Manche Kinder hinterlassen bei ihren Zügen durch die Wohnung eine Schmutzspur aus Socken, unabgewaschenem Geschirr, Krümeln, Klamotten, Bananenschalen und Teilen von ihren Hausarbeiten. Wo immer sie hingehen, produzieren sie Chaos. Ihr Zimmer sieht so aus, als wäre eine Bombe eingeschlagen. Sie schmieren alles mit Schokolade voll, verstreuen ihr Spielzeug in alle Himmelsrichtungen, schleppen Matsch ins Haus und können ein ordentliches Zimmer allein dadurch in Unordnung bringen, dass sie hindurchlaufen.

Warum Kinder das tun

Es könnte sein, dass Ihr Kind das aus Rache tut: Es weiß, dass Sie deswegen an die Decke gehen, und es will Sie aus welchem Grund auch immer ärgern. Es ist jedoch wahrscheinlicher, dass Sie dem Kind nie beigebracht haben, wie es alles besser organisieren kann. Vielleicht haben Sie auch so sehr auf Ihr Kind eingeredet, dass Sie jetzt auf taube Ohren stoßen.

Ihre Reaktion

Eltern, die mit diesen sorglosen Chaosstiftern zusammenleben müssen, fühlen sich durch diese Respektlosigkeit gegenüber dem Wohnraum der Familie ausgenutzt und misshandelt. Wenn Sie versuchen, Ihr Haus in einem vorzeigbaren Zustand zu halten, ist das eine undankbare und nahezu unmögliche Aufgabe. Es macht keinen Spaß, den ganzen Tag über zu putzen, um dann mit ansehen zu müssen, wie alles innerhalb von Minuten wieder ruiniert wird. Außer dem Umzug in ein Hotel scheint es keinen Ausweg aus dieser Unordnung zu geben.

Ihre Strategie

Sorgen Sie dafür, dass sich alle im Haus zur Aufrechterhaltung der Ordnung auf einige feste und schnell realisierbare Regeln einigen. Wenn die Kinder sich nicht an die Regeln halten, lassen Sie sie die Folgen spüren.

Was Sie zuerst versuchen sollten

In dieser Lage kann die Familienkonferenz helfen: Setzen Sie deshalb die Unordnung im Haus auf Tagesordnungspunkt 1 Ihrer nächsten Zusammenkunft. Halten Sie sich immer wieder vor Augen: Regeln und Rituale zu entwickeln, ist nur dann wirkungsvoll, wenn Sie Ihre Kinder dazu bewegen können, dem zuzustimmen. Gehen Sie ein Problem nach dem anderen durch. Nehmen wir an, Sie haben sich über die Krümel und die Bananenschalen im Wohnzimmer geärgert. Statt am Ende eines Tages damit herauszuplatzen und die Treppe hochzubrüllen «Jetzt ist Schluss! Im Wohnzimmer wird nicht mehr gegessen!», sollten Sie die Familie zusammenrufen und sie auf das Problem hinweisen. Fragen Sie dann nach Lösungsvorschlägen. Wenn keiner einen Vorschlag hat, schlagen Sie gelassen die Regel vor, dass das Essen im Wohnzimmer verboten ist. Sträuben sich die Kinder dagegen, fragen Sie sie, ob sie zumindest bereit seien, es für eine Woche auszuprobieren. Die Regel kann bei der nächsten Familienkonferenz wieder geändert werden, was es den Kindern leichter macht, einer ungeliebten Regel zuzustimmen.

Haben die Kinder bei der Familienkonferenz erst einmal den Regeln zugestimmt, müssen Sie sie daran erinnern. Es ist entscheidend, wie Sie das machen. Wichtig ist, sie über den Berg zu bekommen und die neuen Regeln zur Routine werden zu lassen, ohne dass daraus ein Machtkampf wird.

Achten Sie darauf, konsequent zu sein, und erinnern Sie Ihre Kinder jedes Mal daran, wenn sie zum Beispiel vergessen, ihr Geschirr in den Ausguss zu stellen oder ein nasses Badehandtuch aufzuhängen. Der wirkliche Trick besteht darin, es nicht oberlehrerhaft oder mit vielen Worten zu machen. Stellen Sie Ihre Rolle als Eltern nicht zu sehr heraus. Ermutigen Sie bei der Familienkonferenz alle, Wege zu finden, wie man am besten daran erinnert werden kann. Und versuchen Sie immer die Ein-Wort-Regel zu benutzen: Wenn die Kinder vergessen, das Handtuch aufzuhängen, sagen Sie einfach «Handtuch!». Dann bleibt der Ärger auf einem erträglichen Niveau.

Praktische Tipps

Fördern Sie das Organisationstalent Ihres Kindes. Manchmal hat ein Kind so viele Sachen, dass es dadurch überfordert wird. Sie können ihm helfen, indem Sie in regelmäßigen Abständen einige seiner Spielzeuge in den Schrank stellen und andere wieder herausholen. Gehen Sie dann durch jedes Zimmer im Haus und sehen Sie nach, was nicht an seinem Platz ist. Sorgen Sie dafür, dass es für jedes Stück einen Platz gibt und dass das Kind dort leicht herankommt. Liegt beispielsweise der Waschlappen im Waschbecken, bringen Sie einen Haken dafür an. Im Folgenden finden Sie noch einige weitere Beispiele.

Bringen Sie besondere Haken auf Kinderhöhe an, damit die Kinder ihre Jacken dort aufhängen können.

Stellen Sie mehrere Kästen und Regale für Spielzeug unterschiedlicher Größe auf: einen für Puppen, einen für sperrige Dinge, einen für die Anziehsachen usw.

Befestigen Sie die Kleiderstange im Kleiderschrank des Kindes auf einer Höhe, an die es tatsächlich herankommt.

Verwenden Sie bei kleineren Kindern eher kleine Behälter als eine Garderobe, um es ihnen leichter zu machen, ihre Kleidung selbst wegzulegen. Kleben Sie kleine Etiketten mit Bildern der Kleider auf, die dort hingehören.

Der entscheidende Punkt: Es ist wichtig, Kinder in die Problemlösung mit einzubeziehen und sie ihnen nicht aufzuzwingen. Behalten Sie im Hinterkopf, dass das Kind Ihr Partner ist, und behandeln Sie es auch so. Achten Sie auf einen freundlichen Ton. All dies verbessert die Chancen, dass das Kind mitmachen wird.

Bleiben Sie konsequent

Wenn die neuen Regeln gebrochen werden, müssen alle Übereinkünfte und Ermahnungen noch einmal bekräftigt werden. Diese Konsequenz sollte auch von jedem Einzelnen bei der Familienkonferenz gebilligt werden; sonst werden die Kinder ärgerlich und störrisch. Sprechen Sie das Thema nach einem Tag mit besonders viel Unordnung an: «Nach dem Abendessen hat keiner das Geschirr weggeräumt. Was sollen wir jetzt dagegen tun?»

Die Konsequenzen sollten sich logisch daraus ergeben – sie müssen sinnvoll sein, um sich deutlich von einer Bestrafung abzuheben. Hier ein paar Beispiele:

- Lässt das Kind sein Spielzeug liegen, sammeln Sie es in einer großen Kiste ein, die Sie im Keller verstauen. Das Spielzeug zurückzubekommen, wird dann zu einer anstrengenden Angelegenheit (und je größer die Kiste ist, desto unangenehmer wird es). Wenn die Unordnung anhält, kann Ihr Kind das Spielzeug erst zurückbekommen, wenn es selbst der Meinung ist, dass es jetzt Ordnung halten kann.
- Stellt ein Kind abends sein Fahrrad nicht weg, kann es leicht gestohlen werden. Lassen Sie Ihr Kind nicht Fahrrad fahren, bevor es nicht lernt, selbst Verantwortung zu übernehmen.
- Wenn Ihr Kind sein Zimmer nicht aufräumt, muss es seine Tür verschlossen halten. Und weil Sie die Unordnung anwidert, können Sie nicht hineingehen und eine Gute-Nacht-Geschichte vorlesen oder die Wäsche weglegen. (Siehe auch Kapitel 19 zu Ratschlägen, wie man mit Unordnung im Kinderzimmer umgeht.)

Mit Ängsten umgehen

21 Irrationale Ängste

DAS MONSTER UNTER DEM BETT

Das Verhalten

Ja, es gibt ein Monster, das bei allen Kindern unter dem Bett lebt. Erwachsene glauben nicht daran, aber Kinder wissen, dass es stimmt. Ein ausgesprochen lebhaftes Vorstellungsvermögen kann ein normales wohl angepasstes Kind davon abhalten, abends einzuschlafen, oder es nachts um vier Uhr schweißdurchnässt aufwachen lassen. Tagsüber kann es ein Kind dazu veranlassen, nicht von Ihrem Hosenbein zu weichen oder beim Anblick des guten Onkel Oskar schreiend davonzulaufen.

Warum Kinder das tun

Irrationale Ängste sind der Preis, den Kinder für ein lebhaftes Vorstellungsvermögen bezahlen. Ein Kind kann durch seine Phantasie einen Schatten an der Wand in etwas so Schreckliches verwandeln, dass es Dracula das Blut in den Adern erstarren ließe. Ein weiteres Problem besteht darin, dass Kinder so winzige Menschen mit einem so eingeschränkten Wissen über die Welt sind, dass für sie alles, was sie sich vorstellen, wahr sein könnte. Ein bellender Hund könnte schlicht ein lärmendes Tier oder aber ein hungriger Kinderfresser mit einer besonderen Vorliebe für Dreijährige sein.

Ein Fremder könnte ein Heiliger oder jemand sein, der etwas Böses im Schilde führt. Woher soll das ein Kind wissen? Natürlich sind Ängste nicht immer schlecht: Eine gesunde Angst davor, von einem Müllwagen überfahren zu werden, zeigt Kindern schließlich, dass sie vorsichtig sein müssen. Doch viele Kindheitsängste sind irrational. Tatsächlich kann Ihr Kind so sehr in Panik geraten, dass es Ihnen selbst Angst einjagt.

Ihre Reaktion

Abhängig von den Umständen werden Sie entweder mit Verärgerung reagieren oder sich ernste Sorgen machen.

Ihre Strategie

Je weniger Wind Sie darum machen, desto schneller wird die Angst vorüber sein. Aber Sie sollten begreifen, dass die Angst, gleichgültig, was Sie davon halten, für Ihr Kind real ist. Strahlen Sie vor allem Ruhe aus, damit das Kind lernt, dass das Objekt seiner Angst wirklich nicht gefährlich ist.

Was Sie zuerst versuchen sollten

Wenn Ihr Kind wegen irgendetwas in Angst gerät, denken Sie daran, dass Sie nicht übertrieben reagieren sollten. Bleiben Sie sachlich. Beruhigen Sie Ihr Kind. Sorgen Sie dafür, dass es sich nicht schlecht fühlt, weil Sie ihm sagen, es solle «aufhören, sich wie ein Baby zu benehmen». Das tut es nicht. Es handelt wie ein Kind, denn es ist ein Kind. Und für ein Kind existieren Ungeheuer wirklich.

Dann sollten Sie Ihr Kind daran beteiligen, eine Lösung zu

suchen, indem Sie etwa Folgendes sagen: «Das Leben ist voller kleiner Probleme, und das ist nur eins von ihnen. Lass uns herausfinden, wie wir es lösen können.» Jetzt ist das Kind nicht mehr allein damit. Bringen Sie es dazu, einige Vorschläge zu machen, und setzen Sie sie um, wenn sie auch nur im Entferntesten realistisch sind. Sie können Ihrem Kind einen Stups in die richtige Richtung geben: «Wenn du meinst, es sei ein Monster im Kleiderschrank, kann man dann irgendetwas mit der Tür machen, damit es weniger gruselig ist? Wollen wir die Tür offen lassen, damit du sehen kannst, was innen drin ist? Ist das nicht eine gute Idee?»

Wenn Kinder selbst auf eigene Ideen kommen, lernen sie, dass es immer eine Lösung gibt und dass sie zumindest eine gewisse Kontrolle über ihr Leben und über ihre Ängste haben.

Praktische Tipps

Will Ihr Kind nachts eine Lampe brennen lassen, gehen Sie darauf ein oder schlagen Sie es selbst vor. Geben Sie dem Kind zu verstehen, dass Sie für den Fall, dass sich ein Polypenarm um sein Bett schlängelt, ganz in seiner Nähe sind. Aber seien Sie vorsichtig: Wenn Ihr Kind meint, es könne mit seiner Angst Ihre Aufmerksamkeit auf sich ziehen, müssen Sie alle fünf Minuten ins Zimmer kommen.

Möchte Ihr Kind eine angstbesetzte Situation vermeiden – wie auf die andere Straßenseite gehen, um einem Hund fernzubleiben, der es anbellt –, lassen Sie das zu. Selbstverständlich könnten Sie das Kind auch ermutigen, in Begleitung von Freunden an dem Hund vorbeizugehen oder selbst einen Hund zu seinem eigenen Schutz zu haben. Achtung: Lassen Sie nicht zu, dass die Ängste des Kindes das Leben der Familie bestimmen oder Sie gezwungen werden, einen Umweg von 15 km zu machen.

Der entscheidende Punkt: Die meisten Kindheitsängste sind normal und gehen vorüber. Für die kurze Zeit, in der sie auftreten, können sie sehr intensiv sein; doch lösen sie sich gewöhnlich schnell in nichts auf. Andererseits sollten Sie sich professioneller Hilfe bedienen, wenn die Ängste beginnen, das Leben Ihres Kindes zu bestimmen.

Was Sie tun sollten

Achten Sie sorgfältig darauf, was Ihre Kinder im Fernsehen sehen. Ein kleines Kind kann nicht mit Gruselfilmen fertig werden. Sie müssen es nicht vor jedem fragwürdigen Bild beschützen, denken Sie aber einmal darüber nach und überprüfen Sie, was das Kind sieht. Gucken Sie sich gemeinsam mit ihm Filme an. Erklären Sie Ihrem Kind, wie die Spezialeffekte produziert werden, und bringen Sie ihm bei, dass das alles nicht wirklich passiert. Fordern Sie das Kind auf, sich die Scheinwerfer und den Regisseur hinter der Kamera vorzustellen – es wird dann erkennen, dass Fernsehen Phantasie ist und Leben Realität.

Seien Sie vorsichtig, wenn Sie beim Frühstück mit Ihrem Mann über die Nachrichten sprechen. Ein Kind schnappt mehr davon auf, als Sie meinen. Beiläufige Gespräche über Katastrophen oder Verbrechen können die kindliche Vorstellungskraft anregen und zu allerlei Ängsten führen.

Was Sie vermeiden sollten

Wenn Sie Ihr Kind darauf vorbereiten, allein auf die Straße zu gehen, sollten Sie den bedrohlichen Aspekt von Fremden nicht allzu stark herausstellen.

Zwingen Sie Ihr Kind nicht, sich in Situationen zu begeben, vor denen es sich fürchtet. Der Versuch, die Angst abzubauen, kann ins Auge gehen. Es ist in Ordnung, ein Kind mit niedlichen Hundebabys zu konfrontieren, damit es über seine Angst vor großen Hunden hinwegkommt; aber wenn das Kind sich keine Schlangen anschauen will, dann sollte es auch nicht dazu gezwungen werden.

22 Angst vor Versagen

«MAMA, DAS SCHAFFE ICH NICHT!»

Das Verhalten

Es ist eine Sache, ein Kind zu haben, das gern gefährliche Bravourstücke vorführt, wie von einem Dach zum anderen zu springen. Und es ist etwas ganz anderes, ein Kind zu haben, das partout nicht eine 1,20 m hohe Rutsche herunterrutschen will. Manche Kinder möchten nichts ausprobieren. Sie bleiben stundenlang am Rand des Schwimmbeckens stehen und haben Angst davor hineinzuspringen. Oder sie weigern sich, ein neues Spiel zu spielen, weil sie Angst haben zu verlieren. Alles – vom Schreibenlernen zum Fahrradfahren – ist für sie mit Gefahr oder der ausgeprägten Möglichkeit zu versagen verbunden. Sie geben auf, sobald etwas schief geht – und es geht immer etwas schief. Tritt das ein, geben diese Kinder sich gewöhnlich selbst die Schuld. Sie haben nicht viel Spaß, und es macht nicht viel Spaß, mit ihnen zusammen zu sein.

Warum Kinder das tun

Ganz einfach, diese Kinder vergleichen sich selbst mit anderen und kommen sich unzulänglich vor. Sie wollen allein gelassen werden, weil sie meinen, «kein Risiko» sei mit «kein Versagen» gleichzusetzen. Sie haben auch gelernt, dass jemand anders es an ihrer Stelle tun wird, wenn sie etwas «nicht können».

In einigen Fällen werden Kinder es gar nicht erst versuchen, weil sie nicht damit umgehen können, zweiter zu werden. Sie sind sehr hart zu sich selbst und machen sich extrem viele Gedanken darüber, was andere Menschen über sie denken. Der Perfektionist muss es beim ersten Mal richtig machen und begreift nicht, dass Fertigkeiten im Lauf der Zeit vervollkommnet werden.

Ihre Reaktion

Weil Sie wissen, dass Ihr Kind sich unzulänglich fühlt, kommt in Ihnen das Gefühl auf, Sie seien unzulängliche Eltern. Und wenn Ihr Kind noch nicht einmal etwas ausprobiert, wovon Sie wissen, dass es das kann, fühlen Sie sich enttäuscht. Sie können es kaum aushalten, mit anzusehen, wie sich Ihr Kind am Strand langweilt, während die anderen Kinder ausgelassen in der Brandung herumtoben. Wie können Sie Ihr Kind dazu bringen, im Strudel des Lebens mitzuschwimmen?

Ihre Strategie

Üben Sie sich in Geduld. Stellen Sie es groß heraus, wenn Ihr Kind irgendetwas von sich aus leistet. Ermutigen Sie das Kind, unvollkommen zu sein.

Was Sie zuerst versuchen sollten

Bauen Sie das Selbstvertrauen auf, indem Sie Ihrem Kind viele Möglichkeiten zum Üben geben, bevor Sie es bitten, hineinzuspringen und es zu versuchen. Geht es um sportliche Aktivitäten, rollen Sie den Ball zunächst, statt ihn zu werfen. Verhalten Sie sich ausgesprochen aufmunternd, auch wenn es nur versucht, den Ball aufzufangen. Beginnen Sie mit Aktivitäten, die nicht zu schwer sind. Schwimmen beispielsweise ist für viele Kinder leichter als Fußball. Auch Mannschaftssportarten, bei denen niemand zum Sündenbock gemacht werden kann, wenn er verliert – wie etwa Tauziehen –, sind gut. Bauen Sie die Erwartungen des Kindes nach und nach auf.

Praktische Tipps

Fixieren Sie sich nicht auf Leistungen und Ergebnisse, sondern würdigen Sie die Bemühungen Ihres Kindes. Wenn es anfängt zu schreiben, erwähnen Sie, was für «ein wunderschöner Buchstabe das B ist», während Sie den unlesbaren Buchstaben S einfach ignorieren sollten. Korrigieren Sie zu oft etwas, wird das Kind dies als Beweis dafür sehen, dass es unfähig ist.

Der entscheidende Punkt: Obwohl das Kind gerne mitten in einer Sache aufhört, sollten Sie versuchen, es dazu zu bekommen, dass es dranbleibt. Sie müssen das Kind ermutigen, damit es Ausdauer entwickelt.

Was Sie tun sollten

Ermuntern Sie Ihre Kinder, etwas auszuprobieren, auch wenn es nicht klappt. Betonen Sie, dass weniger das Ergebnis, sondern der Vorgang Spaß macht, indem Sie etwa Folgendes anmerken:

- «Gib nicht auf.»
- «Obwohl du nicht glaubst, dass du es schaffst, weiß ich, dass du es kannst, und ich werde dich nicht aufgeben.»
- «Du bist wirklich besser geworden. Letzte Woche konntest du das noch nicht. Jetzt kannst du es.»

Helfen Sie Ihrem Kind dabei, seine Maßstäbe niedriger anzu-
setzen, indem Sie es in einem freundlich akzeptierenden Ton
daran erinnern, dass «niemand vollkommen ist» und «jeder einmal Fehler macht».

Was Sie vermeiden sollten

Drängen Sie Ihr Kind nicht dazu, bestimmte Dinge zu
tun. Manche Vierjährige sind für Klavierstunden einfach
zu jung. Sogar einfache Gesellschaftsspiele können ein Kind
überfordern.

Vergleichen Sie Ihr Kind nicht mit anderen Kindern. Machen
Sie nicht so eine große Sache daraus, der wievieltbeste Schüler
in seiner Klasse es ist. Für einen Perfektionisten kann es schon
eine Katastrophe sein, zweiter zu sein.

Seien Sie nicht zu kritisch. Das ist eine gute Regel für alle Kinder, aber vor allem für Kinder, die nichts ausprobieren wollen.
Ermöglichen Sie dem Kind eine Pause, indem Sie Bemerkungen wie die folgenden vermeiden:

- «Du versuchst es nicht hartnäckig genug.»
- «Das kannst du aber besser!»
- «Das schafft sogar deine kleine Schwester!»

23 Schüchternheit

MACHT, DIE ALS PASSIVITÄT DAHERKOMMT

Das Verhalten

Manche von uns haben schmerzliche Erinnerungen daran, dass sie, als sie klein waren, in sozialen Dingen ungeschickt waren. Daher bricht uns das Herz, wenn wir unsere Jüngste ganz allein dastehen sehen, während alle um sie herum fröhlich den Geburtstag eines Freundes feiern. Schüchterne Kinder haben Schwierigkeiten damit, sich jemanden zum Freund zu machen. Weil man im Leben immer mit anderen Leuten zu tun hat, bringen Kinder, die nicht imstande sind mitzumachen, alle Leute in Verlegenheit. Und wenn Sie Ihre schüchterne Tochter Fremden vorstellen, starren alle nach unten und schauen, wie sie sich hinter Ihren Beinen versteckt.

«Sie ist einfach nur ein bisschen schüchtern», sagen Sie zur Entschuldigung. Ihre Bekannten lächeln und nicken mit dem Kopf, aber tief im Innern wissen Sie, dass sie denken: «Das ist ein Kind, das, wenn in der Schule ein Fest gefeiert wird, bei einem guten Buch zu Hause bleibt.»

Warum Kinder das tun

Schüchterne Kinder vergleichen sich häufig mit anderen und stehen Todesängste aus, dass sie einen Fehler machen könnten. Ihre Schüchternheit kann sich verstärken, wenn sie kontaktfreudige Geschwister haben, bei denen sie das Gefühl haben, nicht mithalten zu können. Neuere Forschungen weisen auch darauf hin, dass in manchen Fällen Schüchternheit sogar genetisch bedingt ist.

Ihre Reaktion

Sie versuchen, Ihr Kind am sozialen Leben zu beteiligen, aber alles, was Sie machen, bringt es nur dazu, sich noch tiefer in sein Schneckenhaus zurückzuziehen. Wie können Sie aus Ihrem Mauerblümchen eine selbstbewusste Rose machen?

Ihre Strategie

Es ist Sache Ihres Kindes, ob es sich am sozialen Leben beteiligen möchte oder nicht. Aber Sie können das Kind unterstützen, indem Sie sein Selbstvertrauen aufbauen und es ermuntern, selbstbewusster zu sein.

Was Sie zuerst versuchen sollten

Wenn es wieder losgeht mit der alten eingefahrenen Masche, sich hinter den Beinen von Mama und Papa zu verstecken, ignorieren Sie es. Setzen Sie keine Überredungskünste ein und versuchen Sie nicht, das Kind mit Gewalt aus der Ecke herauszubekommen. Lassen Sie Ihr Kind in seinem eigenen Tempo voranschreiten. Stellen Sie das Kind anderen Menschen mit normaler Stimme vor, und wechseln Sie das Thema, wenn es nicht reagiert. Sagt die andere Person etwas wie «Oh, die Kleine ist schüchtern?», antworten Sie mit: «Nein, sie ist nicht schüchtern. Sie wird schon mit Ihnen sprechen, wenn sie bereit dazu ist.»

Sie sollten das aus zwei Gründen tun. Erstens: Wenn Sie Ihrem Kind ständig erzählen, dass es schüchtern sei, versehen Sie es mit einem entmutigenden Etikett, was seine Schüchternheit verstärkt. Zweitens gehen manche Kinder von Natur aus nicht so stark aus sich heraus, und das ist bis zu einem bestimmten Grad in Ordnung.

Praktische Tipps

Interessanterweise ist Schüchternheit eine schlaue Methode, unangebrachte Aufmerksamkeit auf sich zu ziehen. Wenn man schüchtern ist, fällt man dadurch genauso auf, als wenn man laut und aggressiv ist. Anders ausgedrückt: Es ist schwer, jemanden zu ignorieren, der einen ignoriert. Obwohl sich Ihr schüchternes Kind nicht dieses Ziels bewusst ist, zieht es sich womöglich in sein Schneckenhaus zurück, wenn Sie es hervorlocken wollen, und es wird protestieren: «Du kannst mich nicht dazu bringen zu reagieren!» Und möglicherweise fängt das Kind an, das Rampenlicht der Öffentlichkeit zu genießen, in das es aufgrund seiner Schüchternheit gerät.

Was Sie tun sollten

Geben Sie Ihrem Kind Tipps, wie man sich verhalten kann, wenn man mit anderen Leuten zusammen ist. Helfen Sie dem Kind durch Rollenspiele, bei anderen Kindern «das Eis zu brechen». Tun Sie so, als würden Sie es nicht kennen, gehen Sie auf Ihr Kind zu und fragen Sie: «Möchtest du mit mir spielen? Wir könnten uns an der Schaukel dabei abwechseln, wer den anderen anschubst.»

Zeigen Sie dem Kind, wie es in eine fremde Gruppe hereinkommen kann, wenn es spielen möchte. Gewöhnlich ist alles, was es machen muss, hinzugehen und sich langsam mit seinem eigenen Tempo ins Spiel zu integrieren. Aber Sie müssen Ihrem Kind klarmachen, dass diese Methode funktioniert.

Bauen Sie Ihr Kind auf, indem Sie Kommentare zu seinen positiven Eigenschaften abgeben. Einem schüchternen Kind fehlt der Mut, das Risiko der Zurückweisung einzugehen. Wenn es Sinn für Humor hat oder sportlich ist, sagen Sie es ihm. Machen Sie dem Kind deutlich, dass die anderen Kinder es mögen (wenn es Ihrer Meinung nach stimmt). Schüchterne Kinder sind in der Regel recht sensibel.

Lassen Sie Ihr Kind von Ihnen lernen. Kinder sind gute Beobachter: Lassen Sie Ihr Kind dabei zusehen, wie Sie mit anderen Leuten umgehen und wie diese auf Sie reagieren.

Was Sie vermeiden sollten

Drängen Sie Ihr Kind nicht dazu, höflich zu sein, indem es beispielsweise artig «Guten Tag» sagt. Wenn Sie das Kind zu dressieren versuchen, werden Sie nichts erreichen. Abgesehen davon weiß ein Fünfjähriger, ohne dass man es ihm sagt, wie er «Guten Tag» sagt. Wenn das Kind älter wird, wird es die Kurve schon kriegen.

Lassen Sie nicht zu, dass das Kind sich in sein Schneckenhaus verkriecht. Stellen Sie sicher, dass es soziale Fähigkeiten erlernt, indem es Zeit in Gruppen verbringt: Melden Sie es in der Kindertagesstätte, bei den Pfadfindern oder in einer Spielgruppe an. Je mehr Übung das Kind bekommt, desto besser werden seine sozialen Fähigkeiten werden. Vorsicht: Gehen Sie in diesen Dingen nicht zu weit. Ihr Kind genießt die Zeit, die es für sich hat, und es braucht sie.

Bedrängen Sie Ihr Kind nicht, sich mit jedem anzufreunden. Für ein schüchternes Kind reicht es oft aus, einen einzigen sehr nahen Freund zu haben.

Wie man lernt, Verantwortung zu übernehmen

24 Vergesslichkeit

«HAT JEMAND MEINEN KOPF GESEHEN?»

Das Verhalten

Ertappen Sie sich manchmal dabei, dass Sie Ihrem Kind sagen, es würde noch seinen Kopf vergessen, wenn er nicht festgeschraubt wäre, dann haben Sie dieses Problem. Das Kind vergisst sein Pausenbrot, so dass Sie es ihm zur Schule hinterhertragen müssen. Es vergisst seine Handschuhe irgendwo, so dass Sie neue kaufen müssen. Ihr Kind vergisst seine Hausaufgaben, und es sieht so aus, als wären Sie schlechte Eltern.

Warum Kinder das tun

Vergesslichkeit ist ein Zeichen für mangelndes Verantwortungsbewusstsein – schließlich kann sich Ihr Kind wahrscheinlich an Kindergeburtstage erinnern oder daran, wann seine Lieblingssendung im Fernsehen läuft. Wenn es etwas vergisst, dann liegt dies vermutlich daran, dass Sie das Erinnern für das Kind besorgen. Außerdem sind Kinder im Allgemeinen nicht zukunftsorientiert. Ein Kind ist so sehr der Gegenwart verhaftet, dass es sich nicht vorstellen kann, in zwei Stunden zu frieren oder hungrig zu sein.

Ihre Reaktion

Sie verbringen die Hälfte der Zeit damit, hinter Ihren Kindern mit Ermahnungen herzulaufen: «Vergiss deine Mütze nicht! Vergiss deine Schultasche nicht!» Es ist so schlimm, dass Sie vergessen, wie es ist, sie nicht daran zu erinnern.

Ihre Strategie

Übertragen Sie dem Kind die Verantwortung dafür, sich an etwas zu erinnern. Sie können das erreichen, indem Sie Gewohnheiten schaffen und zulassen, dass das Kind die Konsequenzen seiner Vergesslichkeit zu spüren bekommt.

Was Sie zuerst versuchen sollten

Die beste Methode, Ihrem Kind beizubringen, sich an etwas zu erinnern, besteht darin, bestimmte Abläufe im Alltag einzuführen (solche, die Ihr eigenes Leben erträglich machen), so dass es sich eher auf gute Gewohnheiten als auf ein gutes Gedächtnis verlassen kann.

Praktische Tipps

Setzen Sie sich mit Ihren Kindern zusammen und schlagen Sie Folgendes vor: Weil alle so viele wichtige Dinge vergessen, sollte die ganze Familie versuchen, einen Weg zu finden, wie sie den Vergesslichen helfen kann, an etwas zu denken. Sammeln Sie Ideen, wie man sich daran erinnern kann, die Katze zu füttern oder den Mülleimer nach draußen zu tragen. Nehmen Sie sich Zeit, die beste Idee auszuwählen.

Hängen Sie eine Checkliste mit den Dingen auf, die zu bestimmten Zeiten im Tagesablauf zu tun sind: vor dem Schlafengehen, vor der Schule, bei der Vorbereitung auf den nächsten Tag usw. Lassen Sie die Kinder die Liste abarbeiten, ohne dass Sie ihnen dabei immer über die Schulter schauen.

Stellen Sie Fragen, erteilen Sie keine Befehle. Wenn sich Ihr Kind beispielsweise für die Schule fertig macht, fragen Sie: «Was brauchst du sonst noch?» Wenn es sagt «Ich brauche Handschuhe», nicken Sie zustimmend mit dem Kopf. Das spornt das Kind an, selbst nachzudenken, und Machtkämpfe werden vermieden. Wenn Ihr Kind Anstalten macht, ohne Mütze aus dem Haus zu gehen, geben Sie ihm zu verstehen, dass es draußen kalt ist, aber lassen Sie es selbst die Entscheidung treffen. Wenn das Kind vergisst, die Milch wegzustellen, sollten Sie beiläufig eine Bemerkung fallen lassen wie: «War da nicht noch etwas, was du vergessen hast?» Oder erinnern Sie es indirekt, indem Sie laut sagen, woran Sie denken müssen: «Draußen regnet es. Ich nehme besser den Regenschirm mit und ziehe meine Stiefel an.»

Bringen Sie Ihrem Kind bei, wie es sich etwas in Erinnerung rufen kann, aber erinnern Sie es nicht sofort, wenn es etwas vergessen hat. Lassen Sie Ihr Kind ruhig die Erfahrung machen, wie unangenehm es ist, etwas vergessen zu haben. Hat das Kind sein Pausenbrot vergessen, bleibt es eben hungrig. Vergisst es seine Sportsachen, muss es in der Turnhalle auf der Bank sitzen bleiben. Trägt es seine Gummistiefel nicht, bekommt es nasse Füße. Im Alter von sieben oder acht Jahren sollten Kinder in der Lage sein, sich um viele Aspekte ihres Lebens selbst zu kümmern, aber manche Eltern lassen sie dies nicht tun.

Der entscheidende Punkt: Verhätscheln Sie Ihr Kind nicht. Eltern, die ihre Kinder verwöhnen, möchten verhindern, dass ihre Sprösslinge jemals in eine unangenehme Situation geraten. Am Ende haben solche Eltern leider nur vergessliche Kinder, die sich an nichts mehr erinnern müssen.

25 Probleme beim Umgang mit Geld

«MAMA, MEIN TASCHENGELD IST ALLE!»

Das Verhalten

Für Kinder hat Geld etwas Magisches an sich – es scheint einfach da zu sein. Sie verstehen nicht, woher es kommt, und begreifen nicht, was Sparen heißt. Jeder, der einmal mit angesehen hat, wie sein Kind innerhalb von zwanzig Sekunden das wöchentliche Taschengeld für bunte Süßigkeiten verpulvert hat, wird sich dieses Phänomens nur allzu bewusst sein.

Warum Kinder das tun

Kinder gehen schlecht mit Geld um, weil sie es nicht besser wissen. Als Eltern möchten Sie, dass Ihr Kind den Wert des Geldes wirklich versteht – dass es nicht einfach etwas ist, was Mama und Papa in regelmäßigen Abständen von der Bank bekommen. Aber warum sollte Ihr Kind auch sparen, wo es doch weiß, dass Sie ihm am Ende alles kaufen werden, was es haben möchte? Wenn Sie sagen, Sie hätten nicht das Geld, um es ihm zu kaufen, dann hält Ihr Kind Sie für geizig: «Nimm doch deine EC-Karte, Mama.»

Ihre Reaktion

Gewöhnlich sind Sie zu sehr damit beschäftigt, Ihr überzogenes Konto wieder auszugleichen, als dass Sie den mangelnden Sinn Ihres Kindes für Geld bemerken; aber Sie machen sich wirklich Gedanken: Ist es richtig, dem Kind Geld dafür zu geben, dass es Arbeiten im Haushalt übernimmt? Was ist, wenn es ohne Bezahlung überhaupt nicht mithelfen will? Wie kann das Kind etwas über einen der wichtigsten Aspekte der Erwachsenenwelt lernen?

Ihre Strategie

Teilen Sie das Taschengeld Ihres Kindes ein in Geld für nette Kleinigkeiten und in Geld für etwas, wovon es nicht direkt etwas hat, wie für Geschenke oder das Sparkonto.

Was Sie zuerst versuchen sollten

Einem Kind in regelmäßigen Abständen sein eigenes Geld zu geben ist das Gegenteil von Verhätschelung – sie besteht ja gerade darin, dem Kind immer, wenn es darum bittet, alles zu geben, was es will. Sie sollten mit dem Taschengeld anfangen, sobald das Kind beginnt, Sie in Geschäften um Dinge zu bitten (im Alter von drei oder vier Jahren). Sie können ihm beibringen, wie man spart, wenn es sieben oder acht Jahre alt ist. Versuchen Sie es nicht vorher, weil Kinder, die jünger sind, nur in der Gegenwart leben und die Zukunft nur wenig zu würdigen wissen.

Praktische Tipps

Man kann das Taschengeld etwa folgendermaßen aufteilen: Bei einer Gesamtsumme von acht Mark könnte eine Mark für Geschenke sein, zwei Mark könnten auf das Sparkonto kommen, und der Rest wäre zum Ausgeben.

Den Anteil zur freien Verfügung könnten Sie danach berechnen, was Sie normalerweise pro Woche als Extravergnügung für das Kind ausgeben – einen Schokoladenriegel für ein kleines Kind oder einen Kinobesuch und ein Comic-Heftchen für ein älteres. Von diesem Zeitpunkt an bezahlt das Kind seine Extravergnügungen von seinem Taschengeld. Wenn Ihr Kind sein Geld verpulvert, lernt es die Lektion, die wir alle einmal lernen mussten: Ist das Geld erst einmal weg, muss man ohne Geld zurechtkommen.

Wenn Ihr Kind etwas Großes und Teures haben will, dann sollten Sie nicht den Fehler machen, es ihm zu kaufen. Lassen Sie es dafür sparen. So lernt das Kind, wie man Entscheidungen trifft – eine Hand voll Fruchtbonbons heute oder ein Plüschtier im nächsten Monat. Der entscheidende Punkt besteht hier darin, dass Sie dem Kind beibringen, wie es mit Geld umgeht. Lassen Sie es Fehler machen. Geben Sie ihm Ratschläge: «Ich glaube nicht, dass das ein solide gemachtes Spielzeug ist.» Wenn es zerbricht, sagen Sie nicht: «Hab' ich dir doch gleich gesagt.» Lassen Sie Ihr Kind selbst lernen.

Ermuntern Sie Ihr Kind zu sparen, um für andere Personen Geschenke zu kaufen. Das wird ihm den Gedanken nahe bringen, dass es Spaß macht zu geben.

Wenn das Kind etwa zwölf oder dreizehn Jahre alt ist, können Sie ihm Kleidergeld geben. Denken Sie einmal darüber nach, wie viel Sie normalerweise für seine Kleidung ausgeben würden, und geben Sie dem Kind dieses Geld, vielleicht in Raten übers Jahr verteilt.

Was Sie tun sollten

Setzen Sie das Taschengeld Ihres Kindes dazu ein, entstandenen Schaden wieder gutzumachen. Wenn Ihr Kind beispielsweise im Zorn das Spielzeug eines anderen Kindes zerbrochen hat, kann es für den Schaden selbst aufkommen. Auf diese Weise lernt Ihr Kind, Verantwortung zu übernehmen.

Richten Sie für Ihr Kind ein Sparkonto ein.

Überlegen Sie sich vor dem Einkaufen, was Sie kaufen wollen, und lassen Sie das Ihre Kinder wissen. Vermeiden Sie, dass Ihre Kinder dabei zuschauen, wie Sie viele Spontankäufe tätigen. Wenn Sie Lebensmittel einkaufen gehen, dann lassen Sie sich nicht zu Haarspangen und Spielzeug überreden.

Bringen Sie Ihrem Kind den Wert des Geldes nahe: «Mit deinen 7 Mark könntest du diese Schmuckschatulle (die etwas Dauerhaftes ist) oder eine Packung Süßigkeiten (die nicht lange hält) kaufen.»

Was Sie vermeiden sollten

Verwenden Sie das Taschengeld Ihres Kindes nicht dazu, sein Verhalten zu beeinflussen und zu manipulieren. Später im Leben wird es durch Geld noch genügend schikaniert werden.

Belehren Sie Ihr Kind nicht (bzw. weisen Sie es noch nicht einmal darauf hin), dass es sich etwas Dummes gekauft oder eine Barbiepuppe gegen einen toten Frosch eingetauscht hat. Vertrauen Sie darauf, dass das Kind es selbst herausfinden wird.

Die eigenen Kinder anstellen

Es ist eine großartige Idee, wenn man seine Kinder dazu ermuntert, sich selbst Geld zu verdienen, wenn sie alt genug sind, Zeitungen auszutragen oder den Rasen zu mähen. Sie dafür zu bezahlen, dass sie Arbeiten im Haushalt verrichten, ist dagegen keine gute Idee. Kinder sollten zum Wohl der Familie mithelfen, nicht nur zu ihrem eigenen Vorteil. Wenn man einmal damit anfängt, werden sie ohne einen Vorschuss weder den Wagen putzen noch das Geschirr abwaschen. Zahlt Ihnen denn irgendjemand etwas dafür, dass Sie Ihre Kinder warm zudecken oder deren Wäsche waschen?

26 Drückebergerei vor der Hausarbeit

«ABWASCHEN IST DOOF!»

Das Verhalten

Sie verbringen Ihre Zeit damit, zu putzen, zu kochen und den Haushalt in Schuss zu halten; und Ihre Kinder haben einstweilen Zeit für Ballspiele. Auf die Bitte, doch einmal mitzuhelfen, kommt nur ein gequälter Gesichtsausdruck und faule Ausreden. Entweder sind Ihre Kinder gerade dabei, ihre Lieblingssendung im Fernsehen zu schauen, oder es ist nicht ihre Angelegenheit, oder es ist einfach nicht gerecht.

Warum Kinder das tun

Kinder sind oft verwöhnt, weil ihre Eltern viele Dinge für sie erledigen. Und heutzutage engagieren viele Doppelverdiener eine Putzhilfe, die diese Dinge für die Eltern und die Kinder macht. Aber die knappe Antwort lautet: Wenn Kinder nicht mithelfen wollen, dann liegt das daran, dass Sie sie nicht dazu ermuntert haben.

Ihre Reaktion

Sie sind hin- und hergerissen dazwischen, sich wie eine Sklavin zu fühlen und sich wie ein Gefängniswärter aufzuführen. Warum können Ihre Kinder nicht einsehen, dass die Arbeit im Haus von allen gemacht werden muss? Wie können Sie sie dazu bekommen, Verantwortung dafür zu übernehmen, dass sie ihren Teil übernehmen?

Ihre Strategie

Selbst wenn es leichter für Sie ist, etwas selber zu machen, sollten Sie Ihre Kinder schon früh (zu Beginn des zweiten Lebensjahres) dazu bringen, Ihnen zu helfen. Bei älteren Kindern sollten Sie natürliche Konsequenzen einsetzen.

Was Sie zuerst versuchen sollten

Ihr Kind sollte erkennen, dass Helfen etwas Gutes ist und keine lästige Pflichtübung. Wenn Sie die beste Art und Weise kennen lernen wollen, wie man so etwas bewerkstelligt, lesen Sie die Szene in *Tom Sawyer*, in der Mark Twain beschreibt, wie ein Zaun angestrichen wird. Ob Sie es glauben oder nicht, Kinder helfen wirklich gerne mit – sie möchten das Gefühl bekommen, nützlich und wichtig zu sein. Als Eltern sollten Sie sich diese wirklich wunderschöne Eigenschaft zunutze machen und sie zu Ihrem Vorteil einsetzen, bevor die Hausarbeit zum Thema eines Machtkampfes wird. Fangen Sie damit an, sobald Ihr Kind Interesse daran zeigt mitzuhelfen. Wenn Sie nicht glauben wollen, dass das Kind wirklich helfen kann, gehen Sie auf einen Bauernhof und sehen Sie sich an, wozu ganz kleine Kinder imstande sind. Tipp: Bei kleinen Jungen ist es gut, wenn auch der Vater mithilft, damit sie nicht den Eindruck bekommen, Helfen sei nur etwas für Mädchen.

Praktische Tipps

Machen Sie die Hausarbeit zusammen mit Ihren Kindern. Sie könnten etwa den Samstagmorgen zur Hausarbeitszeit werden lassen. Machen Sie daraus ein Vergnügen. Legen Sie bei der Arbeit eine CD auf, die alle mögen. Gönnen Sie sich gemeinsam etwas Schönes, wenn die Arbeit getan ist. Bringen Sie den Kindern bei, dass Arbeit etwas Erfüllendes sein kann, keine Strafe. Diese Art von Dingen schweißt die Familie zusammen.

Bei kleineren Kindern: Lassen Sie Ihr Kind hinter Ihnen hergehen und nachmachen, was Sie tun – fegen, Blätter zusammenharken, den Bürgersteig kehren, Plätzchen backen. Im Folgenden finden Sie einige Aufgaben, die auch Vierjährige ausführen können:

- fegen
- die Wäsche sortieren
- den Tisch decken
- Lebensmittel in den unteren Ablagen der Schränke verstauen
- die Fische füttern
- morgens die Zeitung aus dem Briefkasten holen
- die Pflanzen gießen
- Staub wischen
- Staub saugen

Will ein Kleinkind zusammen mit Ihnen den Boden in der Küche wischen, grenzen Sie einen Bereich auf dem Fußboden für das Kind ab. Geben Sie ihm eine kleine Gießkanne für die Pflanzen.

Größere Kinder können fast alles, vom Tischabräumen und Geschirrspülen bis zu Gartenarbeiten und der Autowäsche.

Der entscheidende Punkt: Viele dieser Aufgaben können leichter und effektiver von jemand Älterem ausgeführt werden; aber es lohnt sich, sich mit unvollkommenen Resultaten zufrieden zu geben. Bringen Sie Ihrem Kind das jetzt bei, werden Sie später viele Vorteile davon haben.

Was Sie tun sollten

Setzen Sie sich mit der Familie zusammen und stellen Sie eine Liste der Dinge auf, die getan werden müssen. Beschließen Sie, wer was machen muss: Entweder können Ihre Kinder selbst auswählen, oder die Aufgaben gehen reihum.

Eine Liste der Aufgaben kommt an den Kühlschrank oder ans schwarze Brett. Lassen Sie die Kinder die Liste dort selbst anbringen, damit sie nicht das Gefühl haben, in eine Falle geraten zu sein.

Sehen Sie geflissentlich über unvollkommene Arbeiten hinweg. Kinder werden entmutigt, wenn Sie ihre Bemühungen kritisieren.

Was Sie vermeiden sollten

Zahlen Sie Ihrem Kind kein Geld dafür, dass es Aufgaben im Haushalt übernimmt. Es ist eine großartige Sache, wenn Sie ihm ein Taschengeld geben, bevor es in der Lage ist, eigenes Geld zu verdienen (siehe Kapitel 25). Aber wie gesagt, Arbeit im Haushalt ist keine abscheulich unangenehme Aufgabe, für die das Kind entlohnt werden muss. Bringen Sie Ihrem Kind bei, dass die Arbeit – genauso wie auch die guten Dinge, an denen man Spaß hat – unter allen Familienmitgliedern gerecht aufgeteilt werden muss.

Verlangen Sie nicht, dass Ihr Kind mitten in seiner Lieblingssendung oder bei einem anderen Vorhaben alles stehen und liegen lässt, um zu helfen. Versuchen Sie, feste Hausarbeitszeiten einzurichten, auf die sich alle einigen – dadurch werden Konflikte vermieden. Und wenn Sie Ihr Kind um etwas bitten müssen, was nicht auf der Liste steht, bitten Sie höflich, wie Sie es bei einem Erwachsenen machen würden.

Sie sollten weder ständig an Ihrem Kind herumnörgeln noch es dauernd daran erinnern, dass es seine Arbeit im Haushalt nicht gemacht hat. Lassen Sie es erfahren, welche Folgen das hat (siehe unten). Wenn das Kind das Geschirr nicht abwäscht, hat es eben bei der nächsten Mahlzeit keinen sauberen Teller, von dem es essen kann. Bändigen Sie Ihr eigenes Bedürfnis, alles selber machen zu wollen. Lassen Sie das Kind seinen Eintopf über der Spüle essen. Oder vielleicht besteht die Konsequenz darin, dass das Mittagessen nicht serviert werden kann. Natürlich müssen auch Sie sich mit Unbequemlichkeiten abfinden; aber ist die Alternative – ständiges Herumnörgeln – wirklich besser? Sie haben ein langfristiges Interesse daran, es Ihrem Kind ein für allemal beizubringen.

Stöhnen und jammern Sie nicht über Ihre eigenen Aufgaben – wie immer sind Sie das Vorbild für Ihr Kind.

Bleiben Sie konsequent

Im Folgenden finden Sie einige Beispiele für natürliche Konsequenzen, falls die Kinder sich vor der Hausarbeit drücken. Bringen Sie Ihre Phantasie ins Spiel, und lassen Sie sich etwas einfallen. Stellen Sie einfach sicher, dass die Konsequenz in einem klaren Zusammenhang mit dem unkooperativen Verhalten steht.

- Der Rasen ist nicht gemäht. Konsequenz: Der Garten darf nicht betreten werden. Das Kind darf zum Spielen im Garten keine Freunde mitbringen.

- Das Kind bringt den Mülleimer nicht hinaus. Konsequenz: Stellen Sie den stinkenden Müllbeutel in sein Zimmer.
- Das Essen bleibt auf der Anrichte liegen. Konsequenz: Es kann kein Abendessen geben, weil kein Platz vorhanden ist, um es zuzubereiten.

Hilfreicher Hinweis: Bei einigen Dingen gibt es keine natürlichen Konsequenzen. Die beste Methode, damit umzugehen, besteht darin, das Thema bei der nächsten Familienkonferenz auf den Tisch zu bringen: «Du hast gesagt, du würdest die Wäsche zusammenfalten, und hast es nicht getan.» Fragen Sie dann (neugierig, nicht ärgerlich): «Was ist passiert?» Jetzt können Sie ausloten, was man dagegen tun kann. Versuchen Sie eher, das Problem zu lösen, als gegen den Charakter des Kindes anzugehen.

Die letzte Konsequenz

In einer Extremsituation, in der die Kinder sich weigern, überhaupt irgendetwas zu tun, gibt es eine letzte Konsequenz: Sie treten in den Generalstreik! Sie sagen: «Ihr wollt also keine Arbeit im Haushalt übernehmen. Ich werde euch einmal etwas sagen – lasst uns das alle ausprobieren. Keiner von uns wird irgendeine Arbeit machen, und wir wollen sehen, wie das ist. Hört sich das fair für euch an?»

Das Leben wird jetzt unwirklich; denn dies bedeutet, dass keine Lebensmittel eingekauft werden, nicht sauber gemacht wird, niemand die Kinder irgendwohin fährt, keine Wäsche gewaschen und kein Essen gekocht wird – nichts. Das ist natürlich verrückt, aber wir wissen aus persönlicher Erfahrung, dass innerhalb von drei Tagen eine Notsitzung der Familienkonferenz einberufen werden wird. Wenn nichts mehr hilft, ist das eine großartige Methode, um Kindern nahe zu bringen, was Erwachsene für sie leisten.

Vorsicht: Das muss man mit dem nötigen Fingerspitzengefühl machen.

Fünf Minuten streiten

27 Einschüchterungen

«HE, DU VOLLIDIOT, GIB MIR MAL 'NE MARK!»

Das Verhalten

Der kleine Tyrann hat es schon in mancher Pause ganz finster auf dem Schulhof werden lassen. Das ist die Art von Kind, das Spaß daran hat, andere einzuschüchtern, vor allem, wenn sie kleiner sind. Meist sind es Jungen, die sich so dominant aufführen, doch heutzutage fangen auch Mädchen an, diese Rolle anzunehmen. Der Tyrann ist häufig aggressiv, holt sich mit körperlicher Gewalt Geld und bereitet nur, weil es ihm Spaß macht, harmlosen Spielen unter Freunden ein abruptes Ende. Sein bevorzugtes Zielobjekt? Seine kleineren Geschwister.

Warum Kinder das tun

Diese Kinder haben selbst oft das Gefühl, dass sie überwältigt und schikaniert werden. Um das auszugleichen, lernen sie, stark zu sein, indem sie andere, vor allem ihre Eltern, beobachten. Wenn Sie zu den «starken Eltern» gehören, die immer herumbrüllen und die eigene Familie herumkommandieren, sind Sie das perfekte Vorbild für den kleinen Tyrannen.

Ihre Reaktion

Gewöhnlich besteht die elterliche Reaktion darin, ein solches Kind ebenfalls zu drangsalieren. Manche Eltern fühlen sich jedoch tatsächlich selbst durch ihren tyrannischen Nachwuchs eingeschüchtert, der androht, alles kurz und klein zu schlagen, und vielleicht sogar Mama und Papa durch die Wohnung schubst.

Ihre Strategie

Bleiben Sie standhaft, ohne despotisch zu sein. Geben Sie dem Kind Aufgaben, bei denen es seine Kraft dazu einsetzen kann, Menschen zu helfen.

Was Sie zuerst versuchen sollten

Diese Art von Kind fühlt sich immer als Ausgestoßener. Ihre Aufgabe ist es, ihm wieder ein Zusammengehörigkeitsgefühl zu vermitteln. Machen Sie dem Kind klar, dass es zur Familie und zur Gemeinschaft gehört. Wenn Sie immer Partei gegen Ihr Kind ergreifen, verstärken Sie seinen Hang, sich selbst als Ausgestoßenen zu betrachten.

Der entscheidende Punkt: Folgen Sie nicht Ihrer natürlichen Neigung, das Kind ebenfalls zu drangsalieren. Dadurch setzt nicht nur ein tödlicher Kreislauf ein, sondern auf diese Weise ist die Situation vielleicht sogar erst entstanden. Um Ihr Kind zu ändern, müssen Sie möglicherweise die Art und Weise ändern, wie Sie selbst handeln. Hören Sie auf, die Leute herumzukommandieren. Sagen Sie Ihrem Kind stattdessen, was Sie machen wollen. Statt ihm Befehle zu erteilen wie «Du machst dir jetzt sofort dein Brot, oder es wird dir Leid tun», könnten Sie etwa Folgendes sagen: «Ich lege dir alles hin, aber es liegt in deiner

Verantwortung, dir dein Brot zuzubereiten.» Macht Ihr Kind das nicht, bleibt es hungrig. Diese Vorgehensweise funktioniert nicht nur besser, sie schränkt auch die Möglichkeit für ein Verhalten, das darauf abzielt, Macht zu bekommen oder es jemandem heimzuzahlen, auf ein Mindestmaß ein.

Praktische Tipps

Es ist am wichtigsten, diesem Kind beizubringen, Mitleid gegenüber anderen Menschen zu empfinden. Im Folgenden sehen Sie, wie man das bewerkstelligen kann:

Geben Sie Ihrem Kind – wenn Sie wissen, dass es das nicht missbrauchen wird – die Macht, etwas Gutes zu tun. Machen Sie das Kind zum Babysitter, zum Mannschaftskapitän oder zum Schiedsrichter.

Teilen Sie die Macht in der Familie untereinander auf. Fragen Sie Ihr Kind nach seiner Meinung und nach seinen Vorstellungen: «Wo sollen wir die Schaukel anbringen?» – «Wie kann man diese Tür reparieren?» – «Was sollen wir Freitagabend machen?» Lassen Sie das Kind Pizza bestellen oder Eintrittskarten besorgen, lassen Sie sich von ihm auf langen Autofahrten helfen, mit der Straßenkarte den Weg zu finden.

Sprechen Sie mit dem Kind darüber, wie sich andere Menschen fühlen, wenn etwas Schlimmes passiert – ohne großen Vortrag, sondern einfach im Gespräch. Nehmen Sie Bücher und Filme als Anknüpfungspunkte für Unterhaltungen zu Themen wie Fairness, Moral, die Gefühle anderer Menschen usw. Fragen Sie Ihr Kind nach Dingen wie: «Was meinst du, wie sich jemand fühlt, wenn er von der Schaukel geschubst wird?» Beziehen Sie das Beispiel nicht auf das Kind, sonst wird es sich getadelt vorkommen und sich abwenden. Sprechen Sie über die Situation, als wäre es eine Geschichte, von der Sie gehört haben.

Holen Sie sich (auf einer Familienkonferenz) die Zustimmung für einige gute Vereinbarungen, die die moralische Haltung in Ihrer Familie verbessern. Stellen Sie Regeln auf wie: Man bringt Menschen nicht in der Öffentlichkeit in Verlegenheit; man verletzt niemanden, schreit und stiehlt nicht.

Seien Sie liebevoll und gefühlsbetont, ganz gleich, was vorgefallen ist. Geben Sie Ihrem Kind zu verstehen, dass Sie es selbst dann noch lieben werden, wenn es verletzende Dinge macht. Bringen Sie Ihre Überzeugung zum Ausdruck, dass es sich ändern kann. Wenn Sie merken, dass sich das Verhalten des Kindes bessert, lassen Sie eine Bemerkung dazu fallen. Seien Sie geduldig. Für dieses Problem braucht man Zeit.

Bleiben Sie konsequent

Offensichtlich kann Ihr Kind weder mit anderen Kindern spielen noch eventuell gar zur Schule gehen, bis es gelernt hat, sich nicht aufzuspielen. Zu Hause zu bleiben, alleine zu spielen oder gar ein vorübergehendes Schulverbot mögen hier geeignete Mittel sein.

Wenn das Kind etwas kaputtmacht oder wegnimmt, muss es von seinem eigenen Geld dem Besitzer eine Entschädigung zahlen.

Hilfreicher Hinweis: Gewalttätige Kinder können gefährlich werden, vor allem für kleinere Geschwister. Gerät die Angelegenheit außer Kontrolle, bitten Sie eine Familienberatungsstelle um Hilfe.

28 Rangeleien mit Freunden

«GIB DAS SOFORT HER!»

Das Verhalten

Am erstaunlichsten an Kindern ist es, dass sie aufhören mit dem Puppenhaus oder einem Videospiel zu spielen, wenn einer ihrer Freunde mit einem Stück Holz spielt. Auf einmal ist dieses mickrige Stück Holz, nur weil der Freund es hat, das großartigste Spielzeug überhaupt. Es kommt zu einer Rangelei, und von überall her laufen Eltern zusammen, um den Streit zu schlichten. Das kann den ganzen Tag so weitergehen, weil Kinder, die eigentlich gute Freunde sind, zwischen fröhlichem Spielen und plötzlichem Aufbrausen hin und her wechseln.

Warum Kinder das tun

Wenn Kinder eine Rangelei mit ihren Freunden haben, legen sie damit ihre Beziehung zueinander fest: wer der Boss sein wird, wer der Gefolgsmann, wer der Ideenlieferant und so weiter. Bei kleineren Kindern liegt das schlicht daran, dass sie nicht die Fähigkeit haben, Probleme auf andere Weise zu lösen.

Ihre Reaktion

Ihre erste Reaktion besteht immer darin, die Rangelei zwischen den Kindern zu beenden. Dadurch verbringen Sie die Hälfte Ihrer Zeit damit, den Schiedsrichter zu spielen. Warum können Kinder nicht wie Erwachsene still ihren Unmut für sich behalten?

Ihre Strategie

Wenn Sie nicht der Ansicht sind, dass wirklich jemand dabei verletzt wird, lassen Sie die Kinder ihre Streitigkeiten untereinander austragen. Beziehen Sie nie Stellung für eine der beiden Seiten.

Was Sie zuerst versuchen sollten

Ignorieren Sie die Streithähne. Obwohl das unmittelbare Problem dadurch angegangen wird, dass Sie eingreifen, lernen Kinder auf diese Weise nicht, Probleme zu lösen. Sie können die Kinder auch gegen sich aufbringen, wenn Sie Partei ergreifen. Abgesehen davon lösen Kinder das Problem gewöhnlich ziemlich schnell, weil es mehr Spaß macht zu spielen, als miteinander zu streiten.

Praktische Tipps

Manche Kinder rennen bei jedem kleinen Streit zu Mami und Papi. Das ist Petzen: Was immer Sie auch tun, fördern Sie dieses Verhalten nicht. Andere Kinder mögen keine Petzer, weil sie Ärger durch sie bekommen. Zumindest wird es ihre Beziehung zueinander negativ beeinflussen. Bringen Sie Ihre Missbilligung gegenüber diesem Verhalten dadurch zum Ausdruck, dass Sie die Kinder dazu ermutigen, ihre Probleme selbst zu lösen. Geben Sie ihnen gleichzeitig zu verstehen, dass sie sich, wenn es hart auf hart kommt, an Sie wenden können.

Zu Hause sind Kinder im Allgemeinen besitzergreifender. Besonders kleinere Kinder haben Schwierigkeiten, ihr Spielzeug mit anderen zu teilen. Gehen Sie mit dem Kind in eine neutrale Ecke in einem Park oder auf dem Spielplatz, wo niemand sein Spielzeug beschützen muss.

Rangeleien sind verbreitet, doch das sollte keine Entschuldigung dafür sein. Um Ihrem Kind zu helfen, dem vorzubeugen, bringen Sie ihm spielerisch bei, dass das Teilen von Dingen ein Wert ist. Stellen Sie Fragen wie «Kann ich mit dem Spielzeug da spielen, wenn du damit fertig bist?», um dem Kind eine Vorstellung davon zu vermitteln, wie Menschen sich etwas teilen können. Kommt es zu einem Problem, helfen Sie dem Kind, es ohne Einsatz von Gewalt zu lösen. Achten Sie darauf, dass Ihr Kind sich beim Spielen an die Spielregeln hält, weil es auf diese Weise lernt, was Ordnung ist und wie man mit Würde verliert.

Hilfreicher Hinweis: Sie können Kleinkinder von Rangeleien abhalten, indem Sie ihnen eine Alternative anbieten. Kämpfen zwei Kinder um eine Gummiente, locken Sie eines von ihnen mit einem anderen Spielzeug weg. Sie machen sich dabei die kurze Aufmerksamkeitsspanne des Kindes zunutze.

Was Sie tun sollten

Bringen Sie Ihren Kindern bei, was Gastfreundschaft ist. Sagen Sie ihnen, dass ein Gast etwas Besonderes ist und Vorrang hat.

Stellen Sie es groß heraus, wenn die Kinder ihre Meinungsverschiedenheiten beigelegt haben oder ihre Sachen mit Freunden teilen. Wir sind gewöhnlich schnell beim Urteilen, wenn ein Kind etwas falsch macht. Probieren Sie einmal aus, wie schnell Sie reagieren können, wenn Ihr Kind etwas richtig macht.

Sorgen Sie dafür, dass Ihre Kinder sehen, wie Sie sich etwas mit anderen teilen. Heben Sie es besonders hervor, wenn sie sich ein Stück Schokoladenkuchen mit jemandem teilen, ganz gleich, wie schwierig es für sie sein mag.

Beraten Sie sich mit Ihrem Kind. Falls Sie wissen, dass das Kind gerade Schwierigkeiten mit einem bestimmten Freund hat, fragen Sie es vorher, wie man seiner Meinung nach einen Streit verhindern könnte.

Bringen Sie Kindern bei, Kompromisse zu schließen. Bestehen beispielsweise zwei Kinder darauf, mit demselben Kipplaster zu spielen, sorgen Sie dafür, dass sie eine Eieruhr benutzen und sich abwechseln, wenn der Sand durchgelaufen ist. Das funktioniert nur, wenn beide sich darauf einigen.

Vermeiden Sie Situationen, in denen Ihr Kind mit anderen zusammen spielt, wenn es müde ist und Sie wissen, dass die Sicherungen bei ihm leicht durchbrennen. Bereiten Sie sich zum Aufbruch vor, wenn die Kinder anfangen, miteinander in Streit zu geraten. Warten Sie nicht darauf, bis Ihr Kind ausrastet.

Lassen Sie Ihr Kind etwas Zeit allein verbringen, wenn es häufig in Rangeleien verwickelt ist. Lassen Sie es selbst darüber entscheiden, wann es wieder in seinen üblichen Alltag zurückkehren will, indem Sie sagen: «Gib mir Bescheid, wenn du wieder bereit bist, deine Freunde zu sehen.»

Was Sie vermeiden sollten

Drängen Sie zwei Kinder nicht, miteinander zu spielen, wenn sie wirklich nicht in der Lage sind, sich zu vertragen.

Provozieren Sie kein Konkurrenzdenken unter Ihren Kindern. Kaufen Sie Spiele, die zu Zusammenarbeit führen, und spielen Sie sie. Sie können sogar einige beliebte Spiele in dieser Richtung abändern. Zum Beispiel: Spielen Sie die «Reise nach Jerusalem», aber lassen sie die übrig gebliebene Person nicht das Zimmer verlassen, sondern bei jemandem auf dem Schoß sitzen. Das fördert bei den Kindern die Neigung, das Problem mit dem fehlenden Stuhl zu lösen. Betonen Sie, dass es wichtiger ist, Spaß zu haben, als zu gewinnen.

29 Streitereien unter Geschwistern

MIT DEM FEIND LEBEN

Das Verhalten

In den meisten Familien streiten Brüder und Schwestern miteinander. Es muss nicht so sein, aber trifft häufig zu. Jederzeit kann es zu Wortgefechten und sogar zu körperlichen Rangeleien kommen. Es herrscht eine kriegerische Atmosphäre. Die Geschwister streiten sich um alles: um Spielzeug, um Fernsehprogramme oder um ein Stück Bindfaden – es ist vollkommen gleichgültig. Sie werden sich auch zu Zeiten streiten, in denen es am ungelegensten kommt: zur Hauptverkehrszeit auf dem Rücksitz des Wagens, wenn Sie in einem Lokal essen oder vor Ihrem Chef. Manchmal (jedoch seltener, als Sie meinen) werden sich die Kinder auch gegenseitig wehtun.

Warum Kinder das tun

Streiten sich zwei Kinder miteinander, haben sie sich entschlossen, sich schlecht zu benehmen, um Aufmerksamkeit zu bekommen. Bisweilen machen sie es auch, weil sie einander wirklich nicht mögen; doch das kommt nicht so oft vor. Kinder konkurrieren mit Methoden, die Sie sich nicht im Traum ausmalen, um Ihre Aufmerksamkeit. Achten Sie einmal genau darauf, und Sie werden herausfinden, dass eins immer das gute Kind spielt und das andere das böse. Das mag nicht perfekt gespielt sein, aber es funktioniert.

Dann gibt es noch Verstimmungen beim älteren Kind, wenn das neugeborene Baby aus der Klinik zurückkehrt und das ältere Kind vom Thron schubst. «Warum gibst du es nicht zurück, Mama, oder tauschst es gegen einen kleinen Hund ein?», fragt das ältere Kind, während es zur gleichen Zeit den Räuber elterlicher Aufmerksamkeit zwickt.

Ihre Reaktion

Sie wollen ein Haus voller Harmonie – eine schwere Aufgabe. Gleichgültig, woran es liegt, wenn Geschwister ihre ganze Energie gegeneinander richten: Es ist ein regelrechtes Schlachtfeld.

Ihre Strategie

Sie mögen es nicht merken, aber Ihre Kinder streiten sich fast immer darum, Ihre Aufmerksamkeit zu bekommen. Halten Sie sich also heraus, es sei denn, Sie sind der Ansicht, Ihre Kinder könnten sich ernsthaft verletzen.

Was Sie zuerst versuchen sollten

Ihre Aufgabe ist es, eine Atmosphäre in der Familie zu schaffen, die nicht auf Konkurrenz beruht, so dass ihre Kinder sich ihre Rollen nicht dementsprechend aussuchen. Der Abbau von Konkurrenz verbessert auch ihre Beziehungen untereinander. Die beste Methode, das zu erreichen, ist die Weigerung, Partei zu ergreifen. Laufen Sie nicht immer gleich hin, wenn es ernst wird, fragen Sie nicht, was passiert ist, und agieren Sie nicht als Richter. Lassen Sie die Kinder selbst lernen, wie man miteinander auskommt. Wenn Sie eingreifen, bieten Sie eine Lösung an; das ist nicht lehrreich für die Kinder. Manchmal werden sie auf eine Lösung kommen, die Ihnen selbst nie eingefallen wäre, die aber unter Kindern funktioniert – beispielsweise könnten sie entscheiden, statt ein Spielzeug zu teilen, ein anderes Spiel zu beginnen.

Hilfreicher Hinweis: Sollten Sie meinen, dass einer der Beteiligten sich wirklich verletzen könnte, schicken Sie sie in neutrale Ecken (etwa in getrennte Zimmer).

Praktische Tipps

Wenn das neugeborene Baby nach Hause kommt:

Achten Sie darauf, wie Sie Ihre Kinder behandeln. Den Versuch zu unternehmen, das Baby zu beschützen, ist nur natürlich: «Schscht, das Baby schläft. Geh und sei leise!» Sie können darauf bauen, dass dies ein Gefühl des Unmuts aufkommen lässt.

Widmen Sie den größeren Kindern positive Aufmerksamkeit, indem Sie betonen, was gut läuft: «Du machst das sehr gut mit dem Baby.» – «Du bist eine große Hilfe.» – «Das Baby ist einfach verrückt nach dir.»

Planen Sie Zeiten mit den größeren Kindern ein, in denen Sie sich ihnen gezielt allein widmen.

Vermitteln Sie dem älteren Kind das Gefühl, dass es wichtig ist, indem es Ihnen bei der Arbeit mit dem Baby hilft. Machen Sie das Baby nicht zu Ihrem Baby, sondern zu «unserem» Baby. Lesen Sie zusammen mit dem älteren Kind ein Buch, wenn Sie das Kleine stillen. Jedes Kind kann Babynahrung aus einem Gefäß umfüllen oder eine Windel holen. Ein größeres Kind kann dem Baby sogar selbst die Windeln wechseln.

Was Sie tun sollten

Ermuntern Sie Geschwister, sich gegenseitig zu helfen. Kinder sind großartige Lehrer, und diese Rolle wird die Beziehung zwischen ihnen stark verändern.

Probieren Sie in der Familie Spiele aus, die nicht auf Konkurrenz hinauslaufen. Wenn zum Beispiel alle Spaß am Eislaufen haben, sollten Sie es häufiger machen.

Lassen Sie die Kinder alle berechtigten Beschwerden, die sie vielleicht gegeneinander vorzubringen haben, auf den Tisch bringen (wenn sich der Ärger gelegt hat). Beteiligen Sie alle daran, eine Methode zu finden, wie das Problem gelöst werden kann. Es ist keine gute Sache, verärgert ins Bett zu gehen; versuchen Sie also, eine Lösung zu finden, bevor alle im Bett sind. Stellen Sie Regeln auf, um Streitereien zu verhindern, indem Sie beispielsweise fragen: «Ist der Computer in Jennys Zimmer für sie allein oder für die ganze Familie da?»

Greifen Sie zur alten Methode der Verbannung. Schicken Sie die Kinder aus dem Zimmer, wenn sie darauf bestehen zu streiten. Da gewöhnlich der Hauptgrund für den Streit darin besteht, Ihre Aufmerksamkeit zu bekommen, ist das eine wirksame Methode, um einen Streit zu schlichten. Sie werden überrascht sein, wie oft zwei Kinder, die wie zwei Berserker aufeinander losgehen, auf einmal ihr Interesse am Streit verlieren, wenn das Publikum fehlt. Auf diese Weise behandeln Sie die Kinder als Gruppe, statt einem Kind die Schuld zu geben. Das erhält nicht nur die Harmonie im Haus, es verhindert auch die Bildung einer Hackordnung, in der das größere Kind bestraft wird und ein kleineres Kind deswegen zwickt; dies gibt es dann an jeden weiter, der kleiner ist als es selbst, bis das Kleinste dem Teddy einen Klaps gibt. So bringen Sie den Kindern auch etwas über die Rechte anderer Menschen bei.

Gehen Sie als gutes Vorbild voran. Stellen Sie sicher, dass kein Kind mit ansieht, wie Sie sich respektlos mit jemandem auseinander setzen (Schreien, Geschimpfe, Werfen von Tellern). Handeln Sie in Einklang mit Ihrem Ehegatten, weil Kinder sich den starken Elternteil zum Vorbild nehmen und zu der Auffassung kommen, dass es in Ordnung ist, sich zu streiten. Wenn Sie wirklich Probleme haben sollten, lassen Sie die Kinder mit dabei sein, wie Sie friedlich zu einer Lösung kommen.

Versuchen Sie es und lassen Sie den Streit ausklingen, selbst wenn Sie den Ort des Geschehens verlassen müssen. Dabei brauchen Sie eine Engelsgeduld, aber denken Sie daran: Wenn Sie den Kindern die Aufmerksamkeit entziehen, beenden Sie damit viele Rangeleien.

Nutzen Sie die Einrichtung der Familienkonferenz für Probleme, die die Kinder nicht selbst lösen können. Setzen Sie reflektierendes Zuhören ein (siehe Tipps in Kapitel 5) und Brainstorming (eine Technik, bei der alle versuchen, eine Lösung für das Problem zu finden). Geben Sie Ihren Kindern zu verstehen, dass sie sich darauf einigen können, sich nicht zu einigen. Versuchen Sie Folgendes zu sagen: «Ich weiß, dass ihr beiden euch in Wirklichkeit eigentlich mögt. Ich bin sicher, dass ihr eine Lösung findet.» Geben Sie einen Kommentar dazu ab, wenn die Geschwister gut miteinander auskommen.

Erlauben Sie Ihren Kindern, (zu einem neutralen Zeitpunkt) über ihre Geschwister zu reden, auch wenn sie ihnen gegenüber negative Gefühle haben.

Was Sie vermeiden sollten

Ordnen Sie Ihre Kinder nicht in Schubladen ein, indem Sie sie mit Etiketten versehen: «Sie ist die Intellektuelle.» – «Er ist der Clown.» – «Sie ist musikalisch.»

Sie sollten keine Lieblingskinder haben. Hat ein Kind das Gefühl, dass das andere mehr liebevolle Zuwendung oder Aufmerksamkeit oder eine Sonderbehandlung bekommt, wird es unwillig und kann sogar der Meinung sein, es hätte nichts mehr zu verlieren. Und Sie sollten Ihre Kinder nicht miteinander vergleichen. «Warum kannst du nicht deine Sachen so aufräumen wie deine Schwester?» Nach diesem Satz können Sie sicher sein, dass Ihr Junge – mit verkniffenem Blick und der geballten Faust in der Tasche – wütende Blicke auf die Schwester «mit dem Ordnungsfimmel» wirft.

Fallen Sie nicht auf das Kind herein, das immer das «Opfer» spielt, um Ihre Sympathie zu gewinnen. Bringen Sie dem Kind stattdessen bei, wie man für seine eigenen Rechte eintritt.

30 Streit mit den Eltern

«ICH ERHEBE EINSPRUCH, EUER EHREN!»

Das Verhalten

Wenn Sie selbst gerne diskutieren, werden Sie mit diesem Verhalten vermutlich gut klarkommen. Ist das nicht der Fall, dann ist es so, als lebten Sie mit einem kleinen Anwalt zusammen. Sie sagen, es sei jetzt an der Zeit, ins Bett zu gehen, Ihr Kind fleht Sie an und argumentiert: «Das ist ungerecht. Bitte lass mich aufbleiben.» Wenn das Kind älter wird, fängt es an, sich mit Ihnen über die grösseren Angelegenheiten zu streiten wie etwa: «Bitte lass mich einen Ring an der Nase tragen. Das ist ungerecht, alle anderen Kinder haben so etwas.»

Manche Kinder müssen einfach grundsätzlich die Gegenposition einnehmen. Sie werden sich über wirklich alles streiten. Wir reden hier jedoch nicht von philosophischen Debatten über abstrakte Prinzipien. Wenn Kinder sich mit ihren Eltern streiten, dann geht es um einen reinen Machtkampf.

Warum Kinder das tun

Bei Streitereien geht es darum, wer gewinnt. Es geht darum, schlauer als Sie zu sein. Vom Standpunkt des Kindes aus ist es ein Sieg, den es auskosten kann, wenn es Sie mit der Logik und dem Verstand schlägt. Oder vielleicht reicht es dem Kind auch, einfach nur mit anzusehen, wie seine Eltern ihre Kontrolle über sich verlieren, während es selbst ruhig bleibt. Denken Sie einmal an folgende Situation: Sie werfen Ihre Zeitung auf den Tisch und stampfen vor Wut schäumend davon, während das Kind still und gelassen mit fragendem Blick dasteht. Was meinen Sie, wer diesmal gewonnen hat?

Ihre Reaktion

Obwohl Sie meinen, dass Sie schlauer als Ihr Kind sind, können Sie gar nicht gewinnen, weil das sein Terrain ist. Nur das Kind kennt die Spielregeln, was bedeutet, dass es viel mehr Ausdauer als Sie hat. Obwohl Sie die besten Absichten haben, geht es meist so aus, dass Sie schnaubend wegrennen; Ihre Würde ist dahin, und Sie fragen sich, warum sich die Kinder so viel streiten und wie Sie selbst dann und wann gewinnen könnten.

Ihre Strategie

Lassen Sie sich nicht so oft auf Streitgespräche ein. Hören Sie verstärkt zu. Für einen Streit benötigt man zwei Parteien, und wenn Sie nicht mitmachen, wird das Ganze für Ihr Kind sinnlos.

Was Sie zuerst versuchen sollten

Kommt ein Streitpunkt auf, beziehen Sie Stellung, sagen Sie, was Sie auf dem Herzen haben, und lassen Sie das Kind mitteilen, was es auf dem Herzen hat.

Seien Sie flexibel. Stellen Sie nur so viele unumstößliche Regeln auf wie nötig – nicht auf der Straße spielen, keine Streichhölzer in der Nähe des Weihnachtsbaums anzünden. Verhalten Sie sich starr, werden Ihre Kinder Klage erheben.

Praktische Tipps

Sind alle Tatsachen auf dem Tisch und hat jeder gesagt, was er zu sagen hatte, sollten Sie sich entweder einigen oder übereinkommen, dass Sie sich nicht einigen. Eine Methode, wie man sich mit einem Streithahn einigen kann, besteht darin, dass man ein Brainstorming veranstaltet. Stellen Sie eine Liste all der Punkte auf, die man berücksichtigen muss, pro und kontra. Streichen Sie alle Ideen durch, mit denen sich niemand anfreunden kann. Einigen Sie sich bei dem, was übrig bleibt, auf Punkte, mit denen Sie beide leben können.

Diese Art von Kind kann es nicht ausstehen, wenn ihm jemand sagt, was es zu tun hat. Das Kind muss bei dem, was in seinem Leben geschieht, stärker mitreden können. Lassen Sie es mitbestimmen. Das bedeutet, dass Sie etwas Kontrolle aufgeben müssen, was beängstigend ist, doch langfristig wird Ihr Kind weniger auf Streit aus und unabhängiger sein. Die Expertin in Erziehungsfragen Barbara Coloso drückt es so aus, dass man es sich leisten kann, Kompromisse bei Angelegenheiten einzugehen, die «nicht gegen ethische Prinzipien verstoßen, unmoralisch oder gefährlich sind».

Der entscheidende Punkt: Achten Sie darauf, dass Sie Ihren Kindern wirklich zuhören und dass sie mitbekommen, wie Sie zuhören (siehe Kapitel 5 zu Tipps, wie man zuhört). Fordern Sie, dass sie Sie ausreden lassen, aber – und das ist sehr wichtig – stellen Sie sicher, dass Sie den Standpunkt Ihrer Kinder anerkennen. Sagen Sie etwa Folgendes: «Daran habe ich noch gar nicht gedacht» oder «Ja, das ist ein interessanter Standpunkt». Widerstehen Sie der Versuchung, das in sarkastischem Ton zu sagen.

Was Sie tun sollten

Nutzen Sie die Familienkonferenz dazu, Regeln aufzustellen oder zu ändern. Fangen die Kinder an, darüber zu diskutieren, ob sie am Freitagabend eine Stunde länger aufbleiben dürfen, weil ihre Lieblingssendung im Fernsehen später kommt, setzen Sie es auf die Tagesordnung der nächsten Sitzung. Das verhindert, dass Diskussionen aus dem Lot geraten, und beschränkt das Argumentieren auf den Rahmen der kultivierten Organisationsform einer Sitzung. Heften Sie die Tagesordnung ans schwarze Brett. Wenn es unter der Woche ein Problem gibt, sprechen Sie es wie folgt an: «Ich sehe darin ein Problem. Ich werde etwas dazu aufschreiben, und wir sprechen bei unserem Treffen am Sonnabend darüber.»

Nehmen Sie einmal Ihre Ehe unter die Lupe. Vermitteln Sie Ihren Kindern die Vorstellung, dass Streiten die Methode der Wahl ist, um Probleme zu lösen?

Was Sie vermeiden sollten

Was immer Sie auch tun, lassen Sie es nicht zu, dass ein böses Wort zum andern kommt. Wenn die Kinder nicht aufhören zu argumentieren, verlassen Sie entweder selbst das Zimmer oder fordern Sie sie auf zu gehen. Formulieren Sie einen «Ich»-Satz wie «Ich möchte mich jetzt nicht streiten». Beim Streit wegzugehen, heißt nicht, dass das Kind gewonnen hat. Es bedeutet, dass Sie sich dafür entscheiden, nicht zu streiten. Doch bleiben Sie konsequent. Wenn Sie im Streit nachgeben, dann können Sie darauf bauen, dass Ihre Wohnung zum Gerichtssaal wird, bis Ihr Kind dann seine eigene Kanzlei aufmacht.

Ermuntern Sie Ihr Kind nicht heimlich zum Streiten. Manchmal sind die Eltern streitsüchtiger Kinder ihrerseits despotisch, selbstgerecht und manipulativ. Streit ist die Methode, die Kinder erlernt haben, um die Oberhand zu bekommen. Das macht ebendiese Eltern bisweilen insgeheim stolz auf ihren zänkischen Nachwuchs. Die Botschaft lautet: «Hör damit auf, aber du bist, verdammt noch mal, ganz der Vater.»

Die positive Seite an streitsüchtigen Kindern

Streitsüchtige Kinder können sich gut selbst behaupten, sind schlau und engagiert, und in einer Gruppe werden aus ihnen gute Anführer. Sie denken immer über Methoden nach, wie sie ihre Lebensumstände verbessern können.

Streithammel neigen dazu, optimistisch und hartnäckig zu sein. Die Vorstellung von der Gerechtigkeit – was gerecht ist und was nicht – interessiert sie brennend. Außerdem können aus ihnen gute Juristen werden.

Rund um die Schule

31 Fehlverhalten in der Schule

MANEGE FREI FÜR
DIE KLASSENCLOWNS

Das Verhalten

Manche Kinder scheinen ihren Tag damit zu verbringen, dass sie ihre Klassenkameraden davon abhalten, etwas zu lernen. Das kann sich auf eine ganze Reihe unterschiedlicher Arten zeigen: Rangeleien, Gekichere, Unsinn machen, nicht zuhören und Widerworte geben. Bei dreißig Kindern in einem Raum muss es eine Anzahl von Regeln geben und eine Anzahl von Möglichkeiten, gegen sie zu verstoßen. Wenn dreißig Kinder in Lachen ausbrechen, wer kann sich dann zurückhalten, eine Fratze zu ziehen? Und der alte Trick, bei dem die Augenlider umgestülpt werden, ist immer wieder ein Knüller. Schulkinder schicken sich Briefchen, knobeln die korrekte Schreibweise obszöner Wörter an der Tafel aus und werfen sich gegenseitig Papierkügelchen genau in die Augen. Sie machen alles, was sie vom Lernen abhält. Für den Fall, dass sonst nichts klappt, kann man sich immer noch als Rebell aufspielen.

Warum Kinder das tun

Wir alle suchen soziale Bestätigung in unseren Rollen: Mutter, Vater, Brötchenverdiener, Hobbykoch und so weiter. Das Kind, das im Klassenzimmer Amok läuft, bezieht seine Bestätigung aus seiner Rolle als Rebell oder Klassenclown. Der Grund dafür ist so alt wie das Showgeschäft.

Ihre Reaktion

Das erste Anzeichen für Schwierigkeiten ist für gewöhnlich ein Anruf oder ein Brief von der Schule. Ihre Reaktion besteht entweder darin, dass Sie verärgert sind, oder dass Sie sich schuldig fühlen; beides führt nicht weiter. Einige Eltern werden sogar nervös, wenn sie in die Schule gebeten werden, um die Sache mit dem Lehrer oder der Schulleitung zu besprechen, denn sie leiden unter plötzlich auftauchenden Erinnerungen an ihre eigene Jugend («Bitte sagen Sie meinen Eltern nichts!»). Manchmal schieben sich die Eltern und die Lehrer gegenseitig die Schuld für das Problem in die Schuhe, wodurch sich eine weitere geschädigte Beziehung entwickelt. Schlimmer noch: Kinder, die sich aufspielen, sind meist nicht so aufmerksam; deshalb geht es mit ihren Noten bergab. Sie als Eltern wollen, dass Ihre Kinder sich in der Schule gut benehmen, aber Sie können nicht dort sein, um ihnen dabei zu helfen.

Ihre Strategie

Schaffen Sie eine gute Beziehung zwischen den folgenden drei Eckpunkten: zwischen dem Lehrer, dem Kind und Ihnen selbst. Als Team sollten Sie gemeinsam daran arbeiten, die Stärken des Kindes zu erkennen und es mit wichtigen Aufgaben in Bereichen oder Projekten zu betrauen, in denen es gut ist.

Was Sie zuerst versuchen sollten

Die beste Strategie ist zweistufig:

1. Vereinbaren Sie ein Treffen zwischen Ihnen, dem Kind und der Lehrkraft. (Beachten Sie: Wenn der Lehrer oder die Lehrerin nicht mitmacht, müssen Sie Punkt 2 allein mit Ihrem Kind machen.)
2. Denken Sie sich eine allgemein akzeptable Methode aus, wie Sie Ihrem Kind anstelle etwa des Klassenclowns andere bedeutsame Rollen geben können. Und vereinbaren Sie Konsequenzen, falls das Fehlverhalten andauert. Wenn das Kind beispielsweise den Unterricht stört, führen Sie folgende Konsequenz ein: Möglicherweise sollte es im Büro der Schule oder in einem anderen Klassenzimmer arbeiten, wo es die anderen Schüler nicht von der Mitarbeit abhält.

Praktische Tipps

Stellen Sie sicher, dass dieses Treffen in einer Atmosphäre stattfindet, die nicht von Konfrontation, sondern von dem Verständnis geprägt ist, dass alle an einem gemeinsamen Ziel arbeiten. Der erste Schritt besteht darin herauszuarbeiten, worin das Problem besteht. Dann erhält jeder die Möglichkeit, eine Lösung dafür zu finden.

Der entscheidende Punkt: Der Trick besteht hier darin, das Kind mit einzubeziehen – fragen Sie es, was es zu dem Problem meint. Was kann nach Ansicht des Kindes dagegen unternommen werden? Verwenden Sie reflektierendes Zuhören (siehe Kapitel 5), um Ihrem Kind zu verstehen zu geben, dass man ihm zuhört und dass die Erwachsenen sich nicht miteinander verbünden oder es bestrafen werden. Denken Sie immer daran, dass es eigentlich nicht darum geht, ob das Kind «gut» oder «böse» ist. Das wirkliche Ziel besteht darin, «Ihr Kind» dazu zu bekommen, dass es einer Problemlösung zustimmt.

Zeigt sich das Kind eher verschlossen, geben Sie ihm zu verstehen, dass Sie tatsächlich seinen Standpunkt hören wollen und dass es schwierig ist, das Problem zu lösen, wenn man seine Vorstellungen dazu nicht kennt.

Das Endergebnis dieser Zusammenkunft sollte ein Vertrag sein – eine schriftliche Vereinbarung, die vom Kind und dem Lehrer unterschrieben wird und festlegt, was die beiden tun werden und was nicht.

Ein weiterer entscheidender Punkt: Streben Sie keine Perfektion an, nur eine Verbesserung des Zustands. Bleiben Sie in einem vernünftigen Rahmen – macht das Kind zwanzig Mal am Tag unpassende Bemerkungen, beginnen Sie damit, dass Sie es bitten, die Zahl auf zehn zu verringern.

Sie könnten auch vorschlagen, dass die Lehrkraft die ganze Klasse zusammenruft (wenn sie das will), damit alle gemeinsam daran arbeiten können, das Problem zu lösen.

Jeder hat mindestens in einem Bereich seine Stärken. Es liegt bei Ihnen und dem Lehrer, herauszufinden, in welchem Bereich Ihr Kind gut ist, und mit diesem Pfund zu wuchern.

- Wenn das Kind künstlerisch begabt ist, lassen Sie es ein riesiges Wandgemälde anfertigen oder andere dazu anleiten.
- Wenn Ihr Kind ein guter Anführer ist, lassen Sie es Pausenaufsicht führen.
- Wenn das Kind als Drittklässler gut liest, lassen Sie es in die erste Klasse kommen und den Schülern dort etwas vorlesen.
- Ist das Kind ein As in Mathe, setzen Sie es als Tutor für ein

anderes Kind ein, das schlecht in Mathe ist. Nutzen Sie die Tatsache, dass Kinder großartige Lehrer sind, zu Ihrem eigenen Vorteil.

Was Sie tun sollten

Wenn die Noten wirklich zum Problem werden, probieren Sie es mit Nachhilfeunterricht (vielleicht durch einen Jugendlichen aus der Nachbarschaft). Bessern sich die Noten, sollte sich auch das etwas stürmische Verhalten ändern.

Bitten Sie Ihr Kind, über seine Fortschritte Protokoll zu führen. Sehen Sie es sich dann und wann gemeinsam an.

Was Sie vermeiden sollten

Spielen Sie nicht verrückt, wenn Ihr Kind einen Rückfall hat. Das trägt nur dazu bei, sein Selbstwertgefühl zu verschlechtern. Das Kind weiß schließlich noch nicht einmal, warum es sich so auffällig verhält.

Fragen Sie Ihr Kind nicht ständig nach seinem Verhalten: «Wie warst du heute in der Schule?» Sie lassen auf diese Weise durchblicken, dass Sie vermuten, das Kind habe es nicht geschafft und könne sein Verhalten auch nicht ändern.

32 Kämpfe um die Hausaufgaben

«HAUSAUFGABEN?
HAB ICH VERGESSEN!»

Das Verhalten

Kinder sind wie Erwachsene – nach der Arbeit wollen sie nach
Hause kommen und ausspannen. Aber Kinder tragen auch die
Last von etwas, was man «Hausaufgaben» nennt. Weshalb sie
das machen müssen, haben Kinder nie verstanden. Um sich da-
vor zu drücken, ziehen Kinder jede Entschuldigung aus ihrer
Trickkiste: «Ich bin müde» oder «Ich kann es nicht machen».
Und dann das altbewährte Mittel: «Ich, hmm, ich hab's einfach
vergessen!»

Warum Kinder das tun

Kinder sind auch nur Menschen, genau das ist der Grund dafür.
Und Menschen sind Wesen, die die Dinge verschleppen, die
lieber spielen als arbeiten. Kinder verstehen oft nicht, warum
Hausaufgaben wichtig sind oder dass Lernen Spaß machen
kann. Nachdem sie den ganzen Tag über in den vier Wänden
des Klassenzimmers eingesperrt waren, ist das Letzte, was
sie wollen, noch ein Buch aufzuschlagen. Sie haben die besten
Absichten, aber immerzu werden sie abgelenkt von Dingen, die
ihnen mehr Spaß machen.

Ihre Reaktion

Nach einem langen Arbeitstag müssen Sie auch noch «Hausaufgabenpolizei» spielen. Sie übernehmen die Rolle des Lehrers und mühen sich damit ab, Ihrem Kind beim Lernen irgendeiner neuen Art von Mathematik zu helfen, die Sie selbst kaum verstehen. Hausaufgaben sind seine Form von Arbeit; weshalb frustriert es Sie also, wenn Ihr Kind die Hausaufgaben nicht macht?

Ihre Strategie

Es sollte zur täglichen Routine werden, dass die Arbeit vor dem Spielen kommt. Übertragen Sie dem Kind auf jeden Fall die Verantwortung dafür, die Hausaufgaben zu machen.

Was Sie zuerst versuchen sollten

Der Trick dabei, etwas täglich zu erledigen, besteht darin, es zum Bestandteil einer Routine zu machen. Ihr Kind sollte noch nicht einmal darüber nachdenken, wann es seine Hausaufgaben erledigt. Setzen Sie sich mit dem Kind zusammen, um eine bestimmte Zeit einzuplanen: unmittelbar nach der Schule (das ist oft die beste Lösung, weil man dadurch die Hausaufgaben hinter sich bringt), nach dem Abendessen oder nach der Lieblingssendung im Fernsehen. Lassen Sie sich hier nicht in einen Machtkampf ziehen. Wenn das Kind sich immer noch weigert, reden Sie mit der Lehrkraft über mögliche Konsequenzen. Dazu könnte alles gehören, vom Nachsitzen wegen fehlender Hausaufgaben bis zum Zorn des Lehrers. In letzter Konsequenz jedoch drohen schlechte Noten. Achten Sie auf Folgendes: Es ist wichtig, dass Ihr Kind in der Schule – wo die Aufgaben gestellt wurden – die Konsequenzen zu spüren bekommt und nicht zu Hause.

Praktische Tipps

Sorgen Sie dafür, dass Ihr Kind weniger Zeit vor dem Fernsehgerät verbringt, dem großen Verführer der Kinder, die keine Hausaufgaben machen wollen. Setzen Sie sich mit dem Kind zusammen, um Fernsehzeiten festzulegen. So etwas lässt sich viel leichter durchsetzen, wenn Sie das Kind bei der Planung mit einbeziehen.

Bringen Sie Ihrem Kind bei, welche Absicht mit Hausaufgaben verfolgt wird, nämlich zu festigen, was es an diesem Tag in der Schule gelernt hat. Zumindest wird das Kind verstehen, dass dies nicht etwas ist, was sich Erwachsene ausgedacht haben, um ihm das Leben schwer zu machen.

Bringen Sie Ihrem Kind die folgende Binsenweisheit über die Arbeit nahe: Wenn man etwas an einem Tag nicht erledigt, wird man es am nächsten Tag nachholen müssen. Wer alle unangenehmen Dinge aufschiebt, hat später umso größere Probleme damit.

Wenn Ihr Kind Schwierigkeiten bei den Hausaufgaben hat, sagen Sie etwas Aufmunterndes wie «Das ist aber wirklich schwierig! Lass uns gemeinsam daran arbeiten» oder «Du bist wirklich besser geworden; sieh mal, wie weit du gekommen bist».

Ermutigen Sie Ihr Kind, es seinem Lehrer zu sagen, wenn die Hausaufgaben in mancher Hinsicht für das Kind zu schwierig waren.

Der entscheidende Punkt: Sie sollten sich bereithalten, um Ihrem Kind zu helfen. Aber fallen Sie nicht auf den Trick herein, die Hausaufgaben für Ihr Kind zu erledigen. Schließlich wissen Sie vermutlich bereits, wie man sie macht. Statt ihm zu sagen, wie man «Rhinozeros» schreibt, sollten Sie ihm zeigen, wie man solche Begriffe im Lexikon nachschlägt.

Taugen Sie als Lehrer?

Weil die meisten Eltern nicht zu Lehrern ausgebildet worden sind, werden sie schnell enttäuscht oder fordern zu viel, wenn sie versuchen, ihren Kindern bei den Hausaufgaben zu helfen. Das kann sowohl der Beziehung zwischen den Eltern und dem Kind als auch der Einstellung des Kindes gegenüber dem Lernprozess abträglich sein. Sind Sie nicht der Auffassung, Sie könnten Ihrem Kind etwas beibringen, ohne auszurasten, lassen Sie sich stattdessen von einer anderen Person – Ihrem Partner, einem älteren Geschwister oder einem Nachhilfelehrer – unterstützen. Um zu sehen, wie gut Sie dazu geeignet sind, stellen Sie sich einmal selbst folgende Fragen:

- Wären Sie deprimiert, wenn das Kind etwas nicht versteht?
- Halten Sie sich selbst für einen anspruchsvollen und kritischen Menschen?
- Stöhnen Sie oft vor Wut oder rollen Sie mit den Augen?
- Neigen Sie dazu, Sachen zu sagen wie: «Du versuchst es noch nicht einmal, reiß dich doch zusammen und konzentrier dich» oder «Du stehst mir nicht auf, bis du nicht fertig bist»?

Lautet Ihre Anwort auf irgendeine oder alle Fragen ja, sollten Sie vielleicht abends besser die Zeitung lesen und einer anderen Person die Gelegenheit geben, sich an Geometrie die Zähne auszubeißen.

33 Zu spät zur Schule

WIE MAN DIE KINDER AUS DEM HAUS BEKOMMT

Das Verhalten

Termine einzuhalten kann schwer sein, aber die eigenen Kinder dazu zu bekommen, dass sie einen Termin einhalten, kann unerträglich werden. Sie rechtzeitig zur Schule loszuschicken ist die schwierigste Aufgabe von allen. Mit dem einen Auge zur Uhr und dem anderen auf den wachsenden Berg voller Butterbrote blickend, verbringen Sie Ihre Morgen damit, Ermahnungen und Beschimpfungen auszustoßen und bei Ihrer Familie die Kontrolle darüber zu behalten, ob sie die vorgegebenen Termine einhält. Ihr Sohn schläft immer wieder ein, und Ihre Tochter hat sich zum fünften Mal etwas anderes angezogen. Je stärker man die Kinder schubst, desto langsamer scheinen sie sich zu bewegen. Angetrieben durch das drohende Vorrücken des Zeigers auf der Küchenuhr, strampeln Sie sich ab, damit Ihre Kinder fertig werden; aber alles ist vergeblich: Sie stehen unter Stress, die Kinder sind zu spät dran für die Schule, und der Tag hat wieder einmal schlecht angefangen.

Warum Kinder das tun

Es gibt viele mögliche Erklärungen für dieses Verhalten, vom einfachen Machtkampf bis zu echten Schulängsten. Davon abgesehen haben kleine Kinder auch ein sehr verschwommenes Zeitverständnis (siehe auch Kapitel 1 über Trödeln).

Ihre Reaktion

Sie fühlen sich nicht nur verantwortlich dafür, die Kinder rechtzeitig zur Schule zu bekommen, sondern Sie haben auch selbst einen Arbeitsplatz, den Sie pünktlich erreichen wollen. Bei jedem Ticken der Uhr nimmt der Druck zu, bis alle stärker angespannt sind als ein Trommelfell. Sie fühlen sich bettreif, dabei hat der Tag gerade erst begonnen.

Ihre Strategie

Entwickeln Sie eine gut durchorganisierte Morgenroutine, und stellen Sie sicher, dass ausreichend Zeit vorhanden ist, um sie abzuwickeln.

Was Sie zuerst versuchen sollten

Setzen Sie sich mit der Familie zusammen und entwickeln Sie eine morgendliche Routine, mit der alle leben können. Sorgen Sie dafür, dass die Kinder eine Stunde, bevor sie das Haus verlassen müssen, aufstehen, so dass sie genügend Zeit haben, fertig zu werden. Damit vermeiden Sie folgenden Effekt: Je weniger Zeit Sie haben, desto stärker werden Sie den Druck empfinden; und je stärker Sie sich unter Druck gesetzt fühlen, desto gebieterischer werden Sie sich aufführen. Ihre Kinder reagieren wiederum auf Ihr Verhalten mit Rebellion.

Praktische Tipps

Eine unserer rettenden guten Eigenschaften als menschliche Wesen ist unser Bedürfnis, das Gefühl haben zu wollen, dass wir nützlich sind. Sorgen Sie dafür, dass jedes Kind sich eine Aufgabe wählt, damit sich alle an der morgendlichen Routine beteiligen. Sind die Kinder alt genug, lassen Sie einen den Tisch decken und den anderen das Frühstück machen. Auf diese Weise sind alle wegen irgendeiner Sache auf die Kinder angewiesen.

Sorgen Sie dafür, dass die morgendlichen Aktivitäten reibungslos und einfach sind. Nur wenige Menschen können einige Augenblicke, nachdem sie ihr Bewusstsein wiedererlangt haben, optimale Entscheidungen fällen. Sorgen Sie also dafür, dass Ihre Kinder am Abend zuvor beschließen, was sie am nächsten Tag anziehen wollen. Sie können sich auch, bevor sie ins Bett gehen, ihr Pausenbrot schmieren und den Frühstückstisch decken.

Ein Kleinkind hat überhaupt kein Zeitgefühl. Bei jedem einzelnen Schritt müssen Sie ihm zur Seite stehen; aber versuchen Sie es so selten wie möglich an etwas zu erinnern. Doch dadurch, dass Sie ständig auf dem Kind herumhacken mit Sprüchen wie «Mach schon, zieh dich an» oder «Beeil dich, wir sind spät dran», machen Sie Ihren kleinen Wurm möglicherweise nur «elterntaub». Bewegen Sie das Kind zum Handeln, indem Sie in der Tür stehen und Ihren eigenen Mantel anziehen.

Sagen Sie älteren Kindern, dass Sie jetzt gehen; gehen Sie dann wirklich und setzen Sie sich in den Wagen. Machen Sie sich keine Gedanken, die Kinder werden schon kommen. Nur wenige können dem sanften Druck eines Menschen, der wartet, widerstehen.

Geben Sie Ihren Kindern einen Wecker und bringen Sie ihnen bei, wie man die Zeit abliest. Auf diese Weise wissen die Kinder, wann sie spät dran sind; das rettet Sie auch davor, durch Schreierei heiser zu werden.

Sprechen Sie mit Ihren Kindern darüber, warum sie pünktlich sein müssen. Erklären Sie ihnen, dass Pünktlichkeit ein Beitrag zum Familienleben ist und dass ohne Pünktlichkeit alle leiden. Aber predigen Sie nicht. Stellen Sie Fragen wie: «Ist es wichtig, dass wir rechtzeitig das Haus verlassen? Warum? Was würde passieren, wenn wir zu spät kämen?» Lassen Sie die Kinder herausfinden, wie die Antwort lautet.

Bleiben Sie konsequent

Um die besten Resultate zu erzielen, sollten Sie Ihren Kindern die Verantwortung übertragen, pünktlich zu sein. Um das zu erreichen, müssen Sie gewährleisten, dass das Kind, wenn es zu spät kommt, die Konsequenzen dafür trägt. Im Folgenden finden Sie einige Methoden, wie Sie das bewerkstelligen können:

- Sprechen Sie mit dem Lehrer Ihres Kindes und erklären Sie, dass Sie Schwierigkeiten haben, Ihr Kind aus dem Haus zu bekommen. Gewöhnlich wird es in der Schule irgendeine Art von Konsequenzen – Nachsitzen in der Pause oder nach dem Unterricht – geben, wenn Kinder zu spät kommen.
- Nehmen Sie ein kleineres Kind, das sich nicht anziehen will, so wie es ist, mit einer Tasche voller Kleider, mit. Sagen Sie den Erzieherinnen in der Kindertagesstätte, sie sollen nicht überrascht sein, wenn Ihr Kind im Pyjama dort auftaucht und sich noch umziehen muss. Es reicht gewöhnlich, das einmal auszuprobieren.
- Berufstätige Eltern, die ihren eigenen Terminplan haben, müssen für ihr trödelndes Kind vielleicht einen Babysit-

ter engagieren. Der Babysitter wird das Kind zur Schule bringen, wo es die Erfahrung machen wird, welche Konsequenzen es nach sich zieht, wenn man zu spät kommt. Sie sollten nur wenige Male Zuflucht dazu nehmen müssen, bevor das Problem gelöst ist.

- Hat das Kind keine Zeit zum Frühstücken oder vergisst es sein Pausenbrot, muss es hungrig bleiben.
- Bringen Sie Ihr Kind gewöhnlich auf dem Weg zur Arbeit in die Schule, finden Sie sich nicht mit seiner Unpünktlichkeit ab – lassen Sie es die Strecke zu Fuß gehen.

34 Schlechte Noten

DIE GEFÜRCHTETEN ZEUGNISSE

Das Verhalten

In Filmen und Cartoons wird diese Situation klischeehaft beschrieben: Das Kind kommt mit schlechten Noten nach Hause – alles Fünfen –, vor den entgeisterten Eltern lässt es den Kopf hängen. Zwangsläufig stehen Bestrafungen an. Im Kino mag so eine Szene ganz amüsant wirken, aber im wirklichen Leben handelt es sich um eine echte Belastung. Versagen und Verzweiflung schweben über dem Haus wie ein übler Geruch.

Warum Kinder das tun

Es kann sehr gute Gründe für Schulversagen geben. Vielleicht sieht oder hört Ihr Kind schlecht, oder es hat gar eine Lernbehinderung. Doch es können auch andere, prosaischere Gründe dahinter stecken: schlechte Angewohnheiten beim Lernen, für das Kind ungeeignete Lehrmethoden, Entmutigung oder Eltern, die ihr Kind verwöhnen, so dass es meint, dass einem alle Dinge im Leben zufallen werden, wenn man nur darum bittet.

Ihre Reaktion

Ihr Kind fällt bei der ersten großen Klassenarbeit durch, und schon sind auch Sie als Eltern durchgefallen. In einem Spiel, in dem alle nur verlieren können, kämpfen Ärger und Schuldgefühle miteinander darum, wer die Oberhand gewinnt.

Ihre Strategie

Sie sollten zwischen dem, der handelt, und der Handlung selbst unterscheiden, so dass sich Ihr Kind nicht als Person schlecht fühlt, sondern wegen seiner Noten. Und dann sollten Sie tun, was Ihnen möglich ist, um eine positive Einstellung zum Lernen zu fördern.

Was Sie zuerst versuchen sollten

Bauen Sie das Kind auf. Durch schlechte Noten kann ein Kind in einen Teufelskreis geraten: Es kommt sich dumm vor, weil es keine gute Leistungen zeigt, und seine Unzulänglichkeitsgefühle lassen seine Leistung sogar noch schlechter werden. Es ist eine Tatsache, dass Kinder eine natürliche Neigung dazu haben, ihre Identität mit ihrer Leistung in Zusammenhang zu bringen. Doch eine schlechte Note bedeutet nicht, dass ein Kind dumm ist; es kann in der entscheidenden Stunde nicht anwesend gewesen sein, oder vielleicht ist die Lehrmethode die falsche (manche Kinder sehen lieber etwas, als dass sie es hören, bei anderen ist es umgekehrt). Eine schlechte Note kann tatsächlich sogar hilfreich sein, weil sie anzeigt, in welchen Bereichen das Kind mehr arbeiten muss.

Das Schlimmste, was man machen kann, ist, überkritisch zu sein. Sie müssen Ihrem Kind helfen, seine natürliche positive Einstellung zum Lernen wiederzuerlangen. Entmutigen Sie das Kind nicht, indem Sie behaupten, es sei «eben nicht so gut in Mathe». Solche elterlichen Kommentare können leicht zu sich selbst erfüllenden Prophezeiungen werden.

Praktische Tipps

Zeigen Sie nicht nur Interesse an den Noten, sondern auch an dem, was das Kind lernt. Wissen Sie, warum der Himmel blau ist? Vermutlich nicht. Warum lernen Sie nicht gemeinsam mit Ihrem Kind die Ursachen dafür kennen, warum das so ist?

Sorgen Sie dafür, dass Lernen zumindest dem Anschein nach zum Vergnügen wird und nicht so sehr zu einer Tätigkeit, bei der ein Felsbrocken den Berg hoch gerollt werden muss. Erzählen Sie Ihrem Kind, was Sie gerne lesen, was Sie gerne lernen würden und was Sie am Leben erstaunt.

Nachhilfestunden sind etwas Gutes. Sie ermöglichen es Ihrem Kind, etwas nachzuholen und eine bessere Meinung über sich selbst zu entwickeln. Und der Nachhilfelehrer engagiert sich emotional nicht so wie Sie selbst.

Betonen Sie weniger die Resultate als vielmehr das Bemühen.

Achten Sie darauf, dass Ihre Kinder nicht in so viele außerschulische Aktivitäten verstrickt sind, dass ihre Mitarbeit in der Schule darunter leidet.

Haben Sie sehr hohe Erwartungen und/oder wenig Geduld, dann sollten Sie vielleicht nicht die Person sein, die Ihrem Kind bei den Hausaufgaben hilft. Werden Sie deprimiert und ärgerlich, wird das Kind entmutigt, und Ihre Beziehung zu ihm könnte Schaden nehmen (siehe Kapitel 32 zu den Kämpfen um die Hausaufgaben).

Suchen Sie nach Aktivitäten, die nichts mit der Schule zu tun haben, bei denen Ihr Kind jedoch etwas über wichtige Begrifflichkeiten lernt. So kann man etwa das Backen dazu einsetzen, etwas über Mathematik, Mengen und Gewichte zu lernen (und es kommt auch Gebäck dabei heraus).

Gehen Sie zur Schule und sprechen Sie mit der Lehrkraft, um herauszufinden, was getan werden kann, damit die Noten Ihres Kindes besser werden. Sorgen Sie dafür, dass das Kind an der Diskussion beteiligt wird. Stellen Sie einen Plan auf – möglicherweise muss das Kind jeden Abend Mathe lernen, ob nun Hausaufgaben zu machen sind oder nicht. Versuchen Sie das Einverständnis des Kindes dafür zu bekommen, sonst wird es nicht funktionieren.

Seien Sie optimistisch. Machen Sie sich keine Sorgen (zumindest keine vernehmbaren). Und geben Sie Ihrem Kind zu verstehen, dass Sie es nicht aufgeben.

Zeigen Sie ein gewisses Mitgefühl. Sie können kündigen, aber ein Grundschüler muss jeden Tag in die Schule gehen, auch wenn er dort keine guten Leistungen zeigt.

Stellen Sie nicht groß heraus, dass ein Bruder oder eine Schwester gut in der Schule ist (es sei denn, Sie wollen einen Familienstreit heraufbeschwören).

Suchen Sie mit dem Kind einen Arzt auf, um sicherzugehen, dass es richtig hören und sehen kann.

Sollten Sie der Meinung sein, Ihr Kind habe möglicherweise eine Lernbehinderung, fragen Sie in der Schule nach, wie man das bei ihm untersuchen könne.

Der entscheidende Punkt: Betonen Sie das, was gut geht. Löst Ihr Kind bei einem Test fünf von zehn Aufgaben richtig, sollten Sie die fünf Aufgaben hervorheben, die es richtig gelöst hat. Sagen Sie dem Kind, dies sei der Beweis dafür, dass es lernen kann.

35 Ärger mit dem Lehrer

«ICH KANN DIE LEHRERIN NICHT AUSSTEHEN!»

Das Verhalten

Etwa sechs Stunden am Tag an fünf Tagen in der Woche wird Ihr Kind zusammen mit seiner Lehrerin oder seinem Lehrer in den dampfenden Hexenkessel des Klassenzimmers gesteckt. Können sich die beiden gegenseitig nicht ausstehen, dann ist das kein Vergnügen.

Warum Kinder das tun

Da es sich bei Lehrerin und Kind um Menschen handelt, können sie vermutlich beide berechtigte Nörgeleien gegen den anderen vorbringen. Ihr Kind kann das Gefühl haben, die Lehrerin hacke auf ihm herum, sei überkritisch und verstehe seine Scherze nicht. Die Lehrerin, die es mit dreißig weiteren Kindern zu tun hat, die ebenfalls ihre Aufmerksamkeit haben wollen, kann das Gefühl haben, Ihr Kind sei übermäßig aggressiv oder klebe auf der anderen Seite in unangenehmer Weise an ihr. Manche Menschen passen einfach nicht zueinander, wie die Lehrerin, die alles im Griff haben muss, und das Kind, das nach aufregenden Dingen verlangt. Eine derartige Situation ist vielleicht am ehesten mit einer schlechten Ehe vergleichbar.

Ihre Reaktion

Die Noten Ihres Kindes leiden unter dem angespannten Verhältnis zu seiner Lehrerin – es fühlt sich schlecht und Sie auch. Sie wissen nicht recht, ob Sie Partei ergreifen oder ob Sie Ihr Kind die Schule wechseln lassen sollen. Sie stecken in einer Klemme zwischen einem Felsbrocken auf der einen Seite und Ihrem eigenen Fleisch und Blut auf der anderen Seite.

Ihre Strategie

Stehen Sie Ihrem Kind bei, aber ergreifen Sie nicht Partei.

Was Sie zuerst versuchen sollten

Ihre Aufgabe ist es, Ihrem Kind zu helfen, dass es das Problem lösen kann, nicht selbst zu versuchen, es zu lösen. Ihr Kind muss lernen, mit Menschen zurechtzukommen, insbesondere mit Autoritätspersonen; deshalb hilft es wenig, wenn Sie erst einmal zur Lehrerin gehen, um eine Lösung zu finden. Sie möchten, dass Ihr Kind die Fähigkeit und den Mut hat, selbst mit der Lehrerin zu sprechen. Und seien Sie nicht parteiisch: So schwer dies sein mag, Sie sollten sich klarmachen, dass es sich um das Problem Ihres Kindes handelt.

Praktische Tipps

Widmen Sie Ihrem Kind die ganze Aufmerksamkeit bei dem, was es zu seinem Problem zu sagen hat. Was noch wichtiger ist: Glauben Sie dem Kind, was es sagt.

Denken Sie sich zusammen Lösungsmöglichkeiten aus. Helfen Sie Ihrem Kind dabei, die Sache von der Seite der Lehrerin aus zu sehen (wie würde das Kind denn probieren, dreißig gleichaltrige Kinder in den Griff zu bekommen?). Was kann das Kind tun, um der Lehrerin zu helfen?

Bringen Sie Ihrem Kind bei, mit seinen Problemen offen umzugehen und sie anzusprechen. Machen Sie ein Rollenspiel, in dem Sie den Part der Lehrerin übernehmen. Bringen Sie das Kind dazu, dass es der Lehrerin (in diesem Fall also Ihnen) etwas über seine Gefühle sagt: «Ich habe das Gefühl, dass Sie mich nicht mögen. Wenn etwas schief geht, habe ich das Gefühl, dass immer ich dafür zur Rede gestellt werde.»

Vereinbaren Sie ein Treffen zwischen Ihrem Kind und der Lehrerin. Sie sollten bei diesem Treffen als Vermittler agieren, indem Sie unparteiisch sind und beide Seiten dazu zu bringen versuchen, eine Lösung zu finden. Stellen Sie sicher, dass keiner Seite die Schuld zugeschoben wird.

Sorgen Sie dafür, dass das Kind gemeinsam mit der Lehrerin einen Vertrag ausarbeitet, in dem Methoden aufgeführt sind, wie es mit seiner Zustimmung das eigene Verhalten im Klassenzimmer verbessern kann.

Wenn die Versuche, nur mit der Lehrerin zusammenzuarbeiten, fehlschlagen, greifen Sie auf die Möglichkeiten zurück, die die Schule bietet, indem Sie den Schulleiter oder einen Schulpsychologen hinzuziehen.

Noch ein Tipp: Manchmal mögen sich ein Lehrer und ein Schüler so wenig, dass es schädlich für das Kind sein kann. Als letzte Zuflucht kann es das Beste sein, die Beziehung zu beenden und Ihr Kind in eine andere Klasse wechseln zu lassen.

36 Weigerung, zur Schule zu gehen

«DA KRIEGST DU MICH NICHT HIN!»

Das Verhalten

Der Machtkampf in der frühen Kindheit kann darin bestehen, dass das Kind sich weigert, zur Schule zu gehen. Und tatsächlich, wenn Sie nicht aufpassen, kann das die ganze Zeit bis zur Universität so weitergehen. Dieses Verhalten unterscheidet sich von einfachem Trödeln (siehe Kapitel 1) oder schlichtem Zuspätkommen (Kapitel 33), obwohl es Überschneidungen sowohl beim Verhalten als auch bei den dagegen eingesetzten Strategien gibt. Lesen Sie also diese beiden Kapitel, ebenso wie das vorige Kapitel über «Ärger mit dem Lehrer». Wenn Ihr Kind sich weigert, zur Schule zu gehen, besteht der wichtige Punkt darin, dass es Ihnen damit Folgendes sagt: «Ich gehe nicht zur Schule, und du bringst mich auch nicht dazu!» Während Zuspätkommen ärgerlich ist, ist es schlicht untragbar, wenn das Kind überhaupt nicht zur Schule gehen will.

Warum Kinder das tun

Dieser Weigerung könnte ein Machtkampf zugrunde liegen, doch meistens kommt es wegen eines speziellen Problems in der Schule dazu, wie etwa aus der Angst des Kindes, drangsaliert zu werden, oder wegen einer besonders schlechten Beziehung zum Lehrer.

Ihre Reaktion

Sie lernen schnell, wie schwer es ist, ein Kind dazu zu bringen, etwas zu tun, was es nicht machen will. Schimpfen, Einschüchterungsversuche, phantastische Versprechungen – das alles nützt nichts. Wie können Sie Ihr widerspenstiges Kind aus dem Haus bekommen und zur Schule expedieren?

Ihre Strategie

Es gibt immer einen Grund für dieses Verhalten – finden Sie ihn heraus.

Was Sie zuerst versuchen sollten

Versuchen Sie, dem Grund auf die Spur zu kommen. Im Folgenden sind sechs Hauptgründe aufgeführt, warum Kinder nicht zur Schule gehen wollen:

1. Konflikte mit anderen Kindern
2. Ärger mit dem Lehrer
3. Probleme mit der Schulleistung
4. Angst davor, das Nest zu verlassen
5. Langeweile
6. Machtkampf mit den Eltern: Wenn man sich weigert, zur Schule zu gehen, kann man sicher sein, dass es zum Streit kommt.

Hilfreicher Hinweis: Fragen Sie Ihr Kind, warum es nicht zur Schule gehen will, dann sollten Sie auf ein mürrisches Achselzucken und eine gemurmelte Antwort vorbereitet sein: «Ich weiß nicht.» Hier müssen Sie möglicherweise zum Raten Zuflucht nehmen: «Hast du Schwierigkeiten mit deinen Freunden oder deiner Lehrerin? Langweilst du dich?» Kommen Sie damit nicht weiter, dann versuchen Sie, die Geschwister oder die Freunde Ihres Kindes zu fragen.

Praktische Tipps

Kennen Sie das Problem erst einmal, können Sie es auch lösen. Handelt es sich um ein Schulleistungsproblem, vereinbaren Sie einen Termin mit der Lehrerin und versuchen Sie das Problem von der Wurzel her anzugehen. Vielleicht müssen Sie zur Unterstützung einen Nachhilfelehrer engagieren oder das Kind einfach zusätzlich Hausaufgaben machen lassen. Lassen Sie die Lehrerin in der Klasse fragen, wer Ihrem Kind dabei gerne helfen würde. Fragen Sie es, mit wem es gerne zusammenarbeiten würde. Überlassen Sie dem Kind die Entscheidung.

Die Lehrerin kann auch helfen, wenn es sich um Konflikte mit den Mitschülern handelt. Hat Ihr Kind Schwierigkeiten, Freunde zu finden, kann die Lehrerin die Klasse fragen, ob jemand sein Freund sein möchte, oder sie kennt vielleicht eine Gruppe, in die das Kind aufgenommen würde.

Überprüfen Sie, ob die Probleme Ihres Kindes medizinische Ursachen haben wie etwa Seh- oder Hörbehinderungen.

Kinder zeigen bessere Leistungen, wenn ihre Eltern sich für die Schule interessieren. Engagieren Sie sich im Elternbeirat, bieten Sie freiwillig Ihre Dienste in Spezialbereichen wie Computer oder Musik an oder helfen Sie mit, indem Sie bei Ausflügen die Aufsicht führen.

Was Sie tun sollten

Sie sollten das Lernen zu etwas machen, was Spaß bereitet. Entwickeln Sie bei sich zu Hause eine positive Einstellung zur Schule. Vermeiden Sie Bemerkungen wie: «Schule kann ganz schön nerven, das ist mir auch so gegangen. Aber du musst da einfach durch.» Stattdessen sollten Sie Ihr Kind für die Schule begeistern und für die Vorstellung, etwas zu lernen. Hat es besondere Interessen wie Lesen oder die Natur, helfen Sie dem Kind dabei, das durch Exkursionen, mit Hilfe des Computers oder durch spezielle Projekte zu vertiefen. Wer weiß, wie viele Nobelpreisträger so angefangen haben, dass sie Karottenwurzeln in einem Wasserglas wachsen ließen?

Hören Sie nicht auf, an Ihre Kinder zu glauben. Ein Kind, das die Schule nicht mag, wird oft entmutigt. Geben Sie ihm zu verstehen, Sie seien der Auffassung, dass es zurechtkommen, lernen und erfolgreich sein kann.

Was Sie vermeiden sollten

Legen Sie nicht so viel Wert auf Noten. Wenn Ihr Kind zwanghaft versucht, nur noch Einsen zu bekommen, kann es entmutigt werden, auch wenn es ganz akzeptable Leistungen vorzuweisen hat.

37 Schwierigkeiten, Freunde zu finden

LIEBE KANN MAN NICHT KAUFEN

Das Verhalten

Der Schulhof ist wirklich so etwas wie ein Dschungel, wo die Schwachen – wenn sie nicht attackiert werden – dazu gezwungen sind, allein am Zaun herumzustehen.

Warum Kinder das tun

Einige Kinder sind zu herrschsüchtig, übermäßig aggressiv oder halten sich beim Spielen nicht an die Regeln, die das Leben auf dem Spielplatz erträglich werden lässt. Manchen mangelt es einfach an sozialen Fähigkeiten, oder sie sind selbst für die Meute in der Pause schlicht zu überspannt. Und dann gibt es den «Schrillfaktor» – manche Kinder können darauf abfahren, seltsame Stimmen nachzumachen (gewöhnlich hohe und kreischende). Andere ziehen seltsame Sachen an, interessieren sich nur für ein Thema (Computer oder Comics über Superman), machen sich nichts aus Mode oder riechen vielleicht wegen mangelnder Körperpflege etwas streng. Und manche Cliquen auf dem Schulhof lassen keinen von außen hinein.

Ihre Reaktion

Woran immer es liegt, dass Ihr Kind so linkisch ist, Sie machen sich Sorgen, sind deprimiert und kommen sich oft überkritisch vor. Sie lehnen vielleicht sogar selbst das Kind ab, aufgrund von Eigenschaften, die Ihnen unangenehm sind («Ich liebe ihn, aber manchmal kann ich ihn nicht leiden»). Wir sind in einem Maße soziale Wesen, dass es unerträglich ist, mit anzusehen, wie das eigene Kind von der Gruppe abgewiesen wird und nicht in der Lage ist, Freunde zu finden. Auch ohne dass Ihr Sohn der Außenseiter der zweiten Klasse ist, ist das Leben schon schwer genug.

Ihre Strategie

Auf die eine oder andere Weise ist unangemessenes Verhalten eine Form von Überkompensation. Diese Kinder müssen ihr Selbstbild erst noch entwickeln.

Was Sie zuerst versuchen sollten

Sie müssen Ihrem Kind etwas über ein Verhalten beibringen, das von anderen akzeptiert werden kann, und Sie brauchen Hilfe dabei. Versammeln Sie seine Geschwister auf einer Zusammenkunft der Familie um sich und sprechen Sie darüber, was jeder am anderen mag. Bleiben Sie positiv. Ein anderer Ansatz wäre es, ein Kind zu finden, das allgemein beliebt ist, und es dabei mithelfen zu lassen, dass Ihr Kind in die Gruppe mit einbezogen wird.

Praktische Tipps

Bitten Sie die Lehrkraft, in der Klasse eine Diskussion dazu zu veranstalten, wie man Freunde gewinnt und wie man verständnisvoll miteinander umgehen kann. Wenn Ihr Kind nicht tapferer als die meisten von uns ist und nicht vor allen darüber sprechen möchte, sollten Sie auf Nummer sicher gehen, dass die Lehrerin nur allgemeine Ausführungen macht. Dazu sollten dann die folgenden Fragen gehören: «Hat irgendjemand ein Problem? Was könnten wir tun, wenn auf jemandem herumgehackt wird?» Je kleiner das Kind ist, desto offener werden die anderen in der Regel sein (siehe auch Kapitel 23 über Schüchternheit).

Konzentrieren Sie sich auf die Stärken des Kindes. Meint Ihr Kind, es sei nicht attraktiv, geben Sie ihm zu verstehen, dass der Charakter wichtiger ist als das Aussehen. Weisen Sie es darauf hin, dass es klug ist oder viele Interessen hat. Gehen Sie nicht über die Sorgen des Kindes hinweg – sie sind etwas Reales –, aber vermitteln Sie ihm etwas darüber, was Freundschaft wirklich ist.

Weisen Sie darauf hin, dass jeder Mensch sich manchmal einsam fühlt.

Behalten Sie im Hinterkopf, dass es ausreicht, einen guten Freund zu haben. Hat Ihr Kind zu irgendeinem anderen Kind eine Verbindung aufgebaut, sollten Sie alles tun, was Ihnen möglich ist, diese zarten Anfänge einer Freundschaft zu fördern. Lassen Sie den Freund bei sich übernachten, und beziehen Sie ihn in die Familienausflüge mit ein.

Gehen die Probleme auf mangelnde Körperpflege zurück, sprechen Sie auf freundliche Weise darüber (weitere Tipps zu diesem Thema finden Sie in Kapitel 15).

Der entscheidende Punkt: Verhält sich Ihr Kind seltsam oder ist es ihm unangenehm, mit anderen zusammen zu sein, dann heißt das wahrscheinlich, dass es ihm an Selbstvertrauen fehlt. Dagegen kann man angehen, indem man herausfindet, warum das Kind dieses Gefühl hat. Versuchen Sie dann, Ihr Kind aufzurichten. Die Regel dafür lautet: Man kann nicht auf Schwächen aufbauen, sondern nur auf Stärken. Aus diesem Grund sollten Sie das Kind nie tadeln. Sagen Sie nicht Dinge wie «Du bist schlampig» oder «Du siehst in diesen Sachen schrecklich aus – kein Wunder, dass dich niemand mag». Vielleicht sind Ihre Anforderungen zu hoch, und Sie kritisieren Ihr Kind zu viel. Selbst solche scheinbar unschuldigen Bemerkungen wie «Das kannst du aber noch besser» werden von Ihrem Kind als Kritik aufgefasst.

Am Esstisch

38 Tischmanieren

«HÖR AUF, MIT DEN FLEISCH-
BÄLLCHEN HERUMZUKLECKERN!»

Das Verhalten

Sie hätten gerne, dass es in Ihrem Haushalt beim Essen so zuginge wie beim Freiherrn von Knigge. Stattdessen ähneln die Szenen bei Tisch eher der Löwenfütterung im Zoo: Die Kinder spielen einfallsreiche Spiele beim Essen, kauen mit offenem Mund, werfen, grabschen und verschütten etwas, sie stehen immer wieder auf und laufen weg. Es passiert eine Menge, aber es hat nicht viel mit einem Essen bei kultivierten Menschen zu tun.

Warum Kinder das tun

Die kurze Antwort lautet, dass die meisten Kinder nicht die Geduld aufbringen, die erforderlich ist, um länger als fünf Minuten still zu sitzen. Je kleiner sie sind, desto schwerer fällt es ihnen. Sie sind alle zusammen, platzen vor Energie und stecken voller unterschwelliger Abneigung gegen Essen im Allgemeinen. Fehlt es in Ihrer Familie auch sonst an Regeln, wird sich dies bei den Mahlzeiten am krassesten zeigen.

Ihre Reaktion

Statt Ihr Essen zu genießen, kommt es so weit, dass Sie versuchen, die Kontrolle über einen Zirkus mit drei Manegen zu behalten. Wie können Sie Ihren Kindern Manieren beibringen und damit selbst wieder zu einer normalen Verdauung kommen?

Ihre Strategie

Wenn sich ein Kind nicht wie ein zivilisierter Mensch benehmen kann, kann es auch nicht am Tisch mitessen. Schicken Sie das Kind zum Essen auf sein Zimmer, oder lassen Sie es hungrig bleiben.

Was Sie zuerst versuchen sollten

Offensichtlich braucht man ein paar Grundregeln. Sie können gemeinsam als Familie darüber entscheiden, worin die Regeln bestehen sollen. Stellen Sie nur sicher, dass Sie diese Vereinbarungen dazu einsetzen, Ihren Kindern beizubringen, sich rücksichtsvoll gegenüber anderen zu verhalten; denn nur darum geht es bei «guten Manieren». Wenn ein Kind sich schlecht benimmt, sollten Sie eine der folgenden drei Möglichkeiten ausprobieren:

1. Fordern Sie Ihr Kind auf, das Zimmer zu verlassen. Sagen Sie ihm, dass es zurückkommen kann, wenn es sich beruhigt hat. Damit ist die Entscheidung dem Kind überlassen.
2. Nehmen Sie dem Kind, ohne etwas zu sagen, den Teller weg (es wird schon wissen, warum). Die Botschaft lautet hier: «Ich vermute, du bist nicht hungrig. Lass uns einmal sehen, wie du dich das nächste Mal verhältst.»
3. Nehmen Sie sich das Essen mit auf Ihr Zimmer und

genießen Sie eine ruhige Mahlzeit (das ärgert ein Kind wirklich).

Praktische Tipps

Für gutes Benehmen beim Essen gibt es fünf Geheimnisse:

1. Setzen Sie sich zuallererst einmal mit den Kindern zusammen und sprechen Sie mit ihnen darüber, warum man Regeln wie «Ellenbogen vom Tisch», «Kein Rülpsen» und «Kein Fernsehen beim Essen» braucht. Betrachten Sie Fehler als eine gute Gelegenheit, den Kindern Manieren beizubringen. Wenn jemand beispielsweise nach dem Brotkorb greift und dabei die Saucenschüssel umwirft, ist das ein geeigneter Zeitpunkt, es zur Regel zu machen, dass man andere darum bittet, einem die Sachen zu reichen. Und hängen Sie kleine Verstöße nicht an die große Glocke. Sorgen Sie dafür, dass die Kinder die Regeln ernst nehmen, und seien Sie konsequent; aber erwarten Sie nicht, dass sie sich formvollendet benehmen, sonst wird es dazu kommen, dass sie die Essenszeit hassen.

2. Meckern Sie nicht, seien Sie lieber Vorbild. Kinder haben eine ungeheuer gute Beobachtungsgabe und lernen, indem sie Ihr Verhalten nachahmen. Achten Sie darauf, dass Ihre eigenen Tischmanieren tadellos sind.

3. Sorgen Sie dafür, dass die Mahlzeiten angenehm sind. Ganz gleich, wie gut das *Bœuf Bourguignon* ist, es wird ungenießbar, wenn die Kinder streiten oder wenn Sie Probleme auf den Tisch bringen. Holen Sie ab und zu einmal das feine Geschirr und die Kerzen aus dem Schrank – es wird dem Sinn Ihrer Kinder für etwas Besonderes entgegenkommen.

4. Beziehen Sie Ihre Kinder in die Gespräche am Tisch mit ein. Kinder mögen es nicht, wenn die Eltern nur miteinander reden, und benehmen sich eventuell einfach deshalb schlecht, damit sie wieder mehr Aufmerksamkeit bekommen. Damit

bringen Sie den Kindern auch bei, wie man sich ordentlich miteinander unterhält. Bringen Sie das Gespräch in Gang, indem Sie darüber sprechen, was Ihnen an diesem Tag passiert ist, und reden Sie über Dinge, von denen Sie wissen, dass die Kinder Interesse daran haben, wie etwa die Planungen für das Wochenende oder Tratsch (für jeden das Lieblingsthema).

5. Genießen Sie es, mit Ihren Kindern zusammen zu essen, und machen Sie ihnen das deutlich. Seien Sie ermutigend: «Ihr Kinder seid so höflich, dass ihr zur Königin zum Tee kommen könntet.» Führen Sie Ihren Nachwuchs, wenn er etwas älter ist, in ein wirklich feines Restaurant aus.

39 Der mäkelige Esser

ANGST VOR BROKKOLI

Das Verhalten

Sie verbringen viel Zeit damit, ein schmackhaftes, gesundes Essen für Ihre Familie zuzubereiten. Wenn Sie dann jedoch eine Ihrer Kreationen auf den Tisch bringen, reagieren Ihre Kinder darauf wie auf grünen Schleim. Selbst Ihre *Pasta primavera* findet keinen Gefallen. Manche Kinder wollen die Mahlzeiten weglassen und nur naschen. Andere werden buchstäblich nur ein oder zwei Sachen essen – wie Mortadella oder Nudeln. Und niemand unter zwanzig mag Rosenkohl.

Warum Kinder das tun

Vielleicht ist es fehlende Sinnlichkeit oder ein Überfluss an Geschmacksknospen – aus welchem Grund auch immer sind die meisten Kinder nicht so sehr auf Essen erpicht. Sie haben auch nicht die Geduld, sich hinzusetzen und länger als fünf Minuten bei einer Sache zu bleiben; sie bevorzugen Nahrungsmittel, die den ganzen Tag über mit den Fingern gegessen werden können.

Ihre Reaktion

Sie wissen, dass die wertvolle Nahrung für Kinder im Wachstum lebenswichtig ist, aber Ihre Kinder scheinen nicht genügend davon zu bekommen. Es ist für Sie so schmerzhaft, wenn Ihr Kind nicht essen will, dass die Spannungen beim Essen jedem den Appetit verderben.

Ihre Strategie

Ihre Aufgabe ist es, gut ausgewogene Mahlzeiten auf den Tisch zu bringen. Es ist die Entscheidung Ihres Kindes, ob es das essen will oder nicht.

Was Sie zuerst versuchen sollten

Gut, Sie haben das Essen zubereitet und gesehen, wie Ihr Kind es in den Müll geworfen hat. Im Folgenden finden Sie Tipps, was nun zu tun ist. Sagen Sie dem Kind die Wahrheit – es täte Ihnen Leid, dass es das Essen nicht mag – und wiederholen Sie, dass es seine Sache sei, ob es das isst oder nicht. Lassen Sie sich nicht in einen Streit verwickeln. Versuchen Sie immer, die Mahlzeiten zu einer angenehmen Zeit zu machen. Verderben Sie dem Kind nicht die Stimmung, indem Sie es zum Essen zu zwingen versuchen. Wenn es sich nicht übergibt, gehen Sie einfach davon aus, dass Ihr Kind keinen Hunger hat, und fragen Sie es, ob es wolle, dass Sie das Essen für später aufheben. Stellen Sie nicht aufgegessene Mahlzeiten in den Kühlschrank und vergessen Sie die Sache. Und zwingen Sie Ihr Kind nicht, diese Reste dann zum Frühstück zu essen, wenn Sie nicht wollen, dass sich der Machtkampf über längere Zeit hinschleppt.

Praktische Tipps

Essensprobleme können auf ein Mindestmaß reduziert werden, wenn Sie Ihrem Kind etwas über Ernährung und darüber, wie wichtig sie ist, beibringen (eine wöchentlich stattfindende Familienkonferenz ist die beste Gelegenheit dazu). Finden Sie heraus, was Ihr Kind gerne isst, und beziehen Sie es bei der Planung der Gerichte und auch beim Kochen mit ein.

Sorgen Sie dafür, dass Ihr Kind zustimmt, bestimmte Gerichte, die es nicht mag, auszuprobieren. Experten sagen uns, dass Kinder ein neues Essen möglicherweise bis zu dreißig Mal ausprobieren müssen, ehe sie anfangen, es zu mögen. Versuchen Sie auch, nicht zu viel Fast Food im Haus zu haben, damit Ihre Kinder sich nicht den Appetit verderben.

Kinder wollen gewöhnlich einen Snack, wenn sie aus der Schule nach Hause kommen. Geben Sie ihnen aber zu viel, wird der Snack zur Mahlzeit. Helfen Sie Ihren Kindern dabei herauszufinden, wie viel ausreichend ist, um die Zeit bis zum richtigen Essen zu überbrücken.

Was Sie tun sollten

Servieren Sie zu jeder Mahlzeit eine Vielfalt von Nahrungsmitteln. Zumindest wird dadurch die Wahrscheinlichkeit erhöht, dass Sie den richtigen Geschmack bei Ihrem mäkeligen Esser treffen.

Halten Sie das Gespräch beim Essen in Gang und sorgen Sie dafür, dass eine angenehme Atmosphäre herrscht. Dies ist kein guter Zeitpunkt, um Vorträge zu halten oder zu schimpfen. Denken Sie daran: Es handelt sich hier um eine kostbare Zeit. Gewährleisten Sie, dass die Mahlzeiten für Ihre Familie eine positive Erfahrung sind; dann werden sich auch alle darauf freuen.

Machen Sie von Zeit zu Zeit ein besonderes Essen. Legen Sie eine Decke im Wohnzimmer aus und machen Sie ein Picknick. Oder inszenieren Sie ein Festmahl im Esszimmer mit Kerzen und gutem Porzellan. Das wird in den Kindern die Vorstellung bestärken, dass Mahlzeiten etwas Vergnügliches sind.

Was Sie vermeiden sollten

Geben Sie keine Kommentare dazu ab, wie gut oder schlecht Ihr Kind isst.

Bereiten Sie keine besonderen Gerichte für den mäkeligen Esser zu (wie Huhn für alle, aber als Nebengericht Nudeln in Sahnesauce für Ihre kleine Tochter). Auf diese Weise gehen Sie achtlos mit Ihrer eigenen Zeit und Energie um und übermitteln den Kindern dadurch die falsche Botschaft, dass sie immer haben können, was sie wollen – als ob das Leben ein großes Restaurant wäre.

Werden Sie nicht zwanghaft und fangen Sie nicht an, die Bissen zu zählen. Entspannen Sie sich.

Machen Sie sich keine Sorgen

Ernährungswissenschaftler sagen uns, dass das, was Ihr Kind heute gegessen hat, weniger wichtig ist als das, was es die ganze Woche über gegessen hat. Es ist kein Weltuntergang, wenn es ein oder zwei Mahlzeiten auslässt oder beim Essen nicht vom Brokkoli nimmt. Bevor Sie unterstellen, Ihr Kind esse nicht richtig, sollten Sie sich vor Augen führen, wie es im Großen und Ganzen aussieht.

Um wirklich auf Nummer sicher zu gehen, sollten Sie mit Ihrem Kind einen Kinderarzt aufsuchen, um zu gewährleisten, dass es normal wächst und dass es nicht unter Vitaminmangel oder Gewichtsverlust leidet.

Und denken Sie daran, dass es schwer ist, mit anzusehen, wie Ihre Kinder hungrig bleiben, aber Hunger ist eine natürliche Folge davon, dass sie nicht zu Mittag gegessen haben; und das ist eine lehrreiche Lektion.

40 Das übergewichtige Kind

ZU VIEL DES GUTEN

Das Verhalten

Die meisten Eltern haben es schwer, ihre Kinder dazu zu bekommen, dass sie essen, doch einige haben das umgekehrte Problem: Das Kind, das isst (und isst und isst), bis zu dem Punkt, wo es auffällig übergewichtig ist.

Wir sprechen hier nicht von Kindern mit Hormonproblemen – darum sollte sich ein Arzt kümmern. Es geht uns vielmehr um die Kinder, die einfach nicht aufhören zu essen. Sie schaufeln Fast Food in sich hinein, essen auch zwischen den Mahlzeiten etwas und stopfen sich auf Partys voll. Es ist so, als funktionierte bei ihnen die Anzeige für «voll» nicht, so dass der Zustrom von Süßigkeiten, Chips und Eis einfach nicht unterbrochen wird, bis die Eltern das Thema auf den Tisch bringen.

Das übergewichtige Kind muss prompt reagieren, sonst wird es einen Gegentreffer einstecken. Die anderen Kinder – die ebenso grausam wie schlau sein können – hänseln es gnadenlos. Selbst Erwachsene können Vorurteile gegenüber «dicken» Kindern haben. Das übergewichtige Kind kann beim Sport und auf dem Spielplatz nicht mit den anderen Kindern mithalten; es kann dazu kommen, dass es sich in sein Schneckenhaus zurückzieht und sein Selbstwertgefühl ruiniert wird.

Je mehr das Kind zunimmt, desto weniger Interesse hat es an körperlicher Aktivität. Daraus kann sich ein Teufelskreis entwickeln.

Warum Kinder das tun

Stellen Sie sich selbst die folgenden Fragen: Warum ist mein Kind dick? Wird zu Hause viel Druck in der Richtung ausgeübt, dass man gut aussehen muss? Diese Betonung des Schlankseins kann das Gegenteil bewirken. Ein Kind, das auf natürlichem Wege nie dünn werden wird, kann daran verzweifeln, dass es dieses Idealziel nie erreicht, und deshalb dagegen rebellieren, indem es mehr isst. Andere dickliche Kinder sind verhätschelt worden. Die Eltern wollen nicht nein sagen, und außerdem ist ein deprimierend hoher Anteil der Nahrung, die gut schmeckt, leider nicht gut für uns. Manche Kinder gewöhnen sich daran, ständig zu bekommen, was sie wollen.

Ihre Reaktion

Obwohl die Eltern hemmungsloser Esser vielleicht ihre Witzchen über «ihren kleinen Vielfraß» machen, ist die Situation in Wirklichkeit weder für das Kind noch für die Eltern witzig.

Ihre Strategie

Zwingen Sie Ihr Kind nicht dazu abzunehmen. Geben Sie ihm zu verstehen, dass es in seiner Verantwortung liegt, richtig zu essen.

Was Sie zuerst versuchen sollten

Zunächst einmal sollten Sie mit einem Arzt sprechen, um sicherzugehen, dass das Übergewicht keine medizinische Ursache hat, und um Unterstützung dabei zu bekommen, einen vernünftigen und praktisch durchführbaren Essensplan aufzustellen. Denken Sie daran: Schlankheitskuren kann man übertreiben – das gilt vor allem für junge Mädchen.

Als Nächstes sollten Sie Ihr Kind in die Planung einer vernünftigen Ernährung mit einbeziehen. Ist es acht Jahre oder älter, bringen Sie ihm etwas über Essen und Ernährung bei. Zum Beispiel: Was ist fettarmes Eis, und wo bekommt man es? Ist Joghurt-Eis mit geringem Fettanteil eine Alternative? Besuchen Sie Kurse, in denen es um ausgewogene Ernährung geht. Dabei können Sie selbst auch noch etwas über gesundes Essen lernen.

Sorgen Sie dann dafür, dass Ihr Kind damit einverstanden ist, ein realistisches langfristiges Ziel beim Abnehmen anzustreben. Doch seien Sie kein Diktator und schaffen Sie nicht alle guten Sachen ab – lassen Sie das Kind zu Geburtstagen und anderen besonderen Gelegenheiten Kuchen essen. Gelegentlich etwas nachlässig zu sein, gehört dazu, wenn man vernünftig ist.

Praktische Tipps

Wie jeder Erwachsene weiß, der einmal abzunehmen versucht hat, ist die Motivation der Schlüssel dazu, dass man Pfunde verliert. Wird das Kind nicht von Anfang an mit einbezogen, ist die ganze Sache zum Scheitern verurteilt. Die Kinder müssen verstehen lernen, dass es um ihren Körper geht. Sie müssen den Willen haben, Gewicht zu verlieren. Es entbehrt nicht einer bitteren Ironie, dass Kinder, je mehr sie gehänselt werden, eine um so schlechtere Meinung von der eigenen Person haben und um so weniger motiviert sind, ihre Pfunde abzubauen.

Nachdem Sie Ihr Kind davon überzeugt haben, dass es selbst die Verantwortung übernehmen muss, ist es an der Zeit für Sie, es auch selbst zu machen. Sie sollten erkennen, dass Sie für Ihre Kinder ein Vorbild sind. Beschäftigen Sie sich einmal genau damit, was Sie so essen und was Sie in der Speisekammer haben. Werfen Sie die Kartoffelchips fort und säubern Sie Ihr Haus von Süßigkeiten. Sorgen Sie dafür, dass viele Früchte und viel Gemüse da sind, und sagen Sie Ihrer pummeligen Brut, von dieser Art Nahrung könne sie so viel essen, wie sie wolle. Wenn Sie Zeit haben, bereiten Sie das Essen lieber selbst zu, als Fertiggerichte zu verwenden, die oft mehr Fett und Zucker enthalten.

Sie sollten erkennen, dass es nicht Ihre Aufgabe ist, Ihr Kind immer glücklich zu machen. Auf lange Sicht kann man, wenn man immer bekommt, was man will, tatsächlich unglücklich werden. Die sofortige Befriedigung eines Bedürfnisses ist nur in dem jeweiligen Augenblick wirksam. Wer als Kind verwöhnt wurde, hat später im Leben Probleme, wenn es «nein» heißt. Wollen Sie Ihren Kindern wirklich einen Gefallen tun? Dann bringen Sie ihnen Selbstdisziplin bei.

Viele Wissenschaftler sind der Auffassung, dass körperliches Training mindestens ebenso wichtig ist wie die Steuerung der Nahrungsaufnahme. Sie können Ihrem Kind helfen, wenn sich die ganze Familie an irgendeiner Art von körperlicher Aktivität beteiligt. Lassen Sie das Kind beobachten, wie Sie lange Spaziergänge unternehmen oder wie Sie Gymnastik machen. Lassen Sie das Auto ab und zu in der Garage und machen Sie kleinere Besorgungen zu Fuß. Schalten Sie den Fernseher aus und reden Sie dem Kind gut zu, den Hund auszuführen oder zu Fuß zum Markt zu gehen. Schwimmen kann für dicke Kinder eine hervorragende Art von Training sein. Suchen Sie nach Methoden, die Spaß machen, um einen aktiven Lebensstil zu entwickeln – spielen Sie mit der Frisbee-Scheibe oder wandern Sie durch eine schöne Landschaft.

Was Sie bei einer Diät vermeiden sollten

Kontrollieren Sie nicht, ob Ihr Kind sein Schlankheitsprogramm einhält. Es muss selbst die Verantwortung dafür übernehmen, sonst funktioniert das Ganze nicht. Nörgeln Sie nicht an dem Kind herum, sonst wird es rebellieren und heimlich etwas essen. Arbeiten Sie gemeinsam daran, das Problem zu bewältigen.

Übertreiben Sie es nicht. Das natürliche Gewicht Ihres Kindes ist möglicherweise gar nicht so niedrig.

Machen Sie nicht zu viele Kommentare zu dem Gewicht Ihres Kindes. Wenn Sie eine Bemerkung machen, sagen Sie ein paar aufmunternde Worte wie etwa: «He, du achtest ja wirklich darauf, was du isst» oder «Du versuchst wirklich alles, um das Richtige zu essen». Umgekehrt werden Bemerkungen wie «Du siehst immer noch irgendwie dick aus, streng dich doch etwas mehr an» das Kind nur dazu bringen, eine schlechte Meinung von sich zu haben, und es dazu verleiten, zum Trost zu essen.

Zeit zum Schlafengehen

41 Die Erstürmung des elterlichen Betts

Das Verhalten

Für Sie als Eltern ist Ihr Bett die letzte Zuflucht vor den Mühen und Heimsuchungen des Lebens. Sie hüllen sich in flauschige Decken und süße Träume; da gibt es nichts Schlimmeres, als von einem Kind aufgeweckt zu werden, das das alles mit Ihnen teilen möchte.

Warum Kinder das tun

Manchmal wollen Kinder nur ein bisschen kuscheln, aber es soll auch Kinder geben, die einen Elternteil (meistens den Vater) aus dem Bett drängen. Ein berufstätiger Vater wird möglicherweise resignieren und sich auf die Couch legen, um dort zu schlafen. Der tiefere Grund dafür, dass Kinder bei Ihnen schlafen wollen, besteht darin, dass sie sich in Ihrem Bett sicher und geborgen fühlen. Am häufigsten kommt es nachts zu Ängsten und Furchtzuständen. Wenn Ihre Kinder nicht das Gefühl haben, selbst damit fertig werden zu können, kommen sie natürlich zu Ihnen.

Ihre Reaktion

Für die meisten hart arbeitenden Eltern sind Eindringlinge im Bett eine regelrechte Plage. Auch wenn Sie Spaß daran haben, dass Ihre Kinder gelegentlich bei Ihnen schlafen, sind sie auch nachts aktiver als Erwachsene. Sie winden sich, sie reden, sie niesen, sie schlafen kreuz und quer; gewöhnlich funktioniert es einfach nicht. Ob es nun wegen eines lauten Gewitters oder wegen Einsamkeit ist, die nächtliche Erstürmung des elterlichen Betts bedeutet, dass keiner genügend Schlaf bekommt. Kinder mitten in der Nacht ohne größeren Widerstand davon abzubringen, ist ein vertracktes Problem.

Ihre Strategie

Geben Sie Ihren Kindern zu verstehen, dass Sie Ihre Rechte an den einzigen zweieinhalb Quadratmetern im Haus, die wirklich Ihnen gehören, verteidigen werden.

Was Sie zuerst versuchen sollten

Sie und Ihr Partner sollten sich ernsthaft gegenseitig darauf verpflichten, dass die Kinder nicht in Ihrem Bett schlafen. Sagen Sie Ihren Kindern klipp und klar, dass Sie in Ihrem Bett und die Kinder in ihren eigenen Betten schlafen, wenn nicht gerade ein Notfall vorliegt. Punkt, aus. Betrachten Sie dies als eine gute Gelegenheit, Ihren Kindern die Achtung vor den Rechten anderer nahe zu bringen.

Praktische Tipps

Wie in allen Erziehungssituationen müssen Sie fest bleiben und konsequent sein. Sagen Sie dem Kind in einem kompromisslosen Tonfall, dass Sie es in sein Bett zurückbringen werden, wenn es nachts zu Ihnen kommt. Es ist schwer, konsequent zu bleiben, wenn Sie noch nicht einmal halb wach sind; aber wenn Sie einmal nachgeben, können Sie sich in vielen weiteren Nächten auf dieses gefürchtete Rütteln an der Schulter einrichten.

Stellen Sie sich darauf ein, dass Sie für längere Zeit zur Verteidigung Ihres persönlichen Terrains gezwungen sein werden. Manche Eltern bemerken gar nicht, dass das Kind in ihr Bett geschlüpft ist, bis sie dann morgens auf diesen kleinen Klumpen in der Mitte des Bettes stoßen. Errichten Sie ein Hindernis, das Krach macht, wenn die Tür geöffnet wird, beispielsweise Blechdosen, oder befestigen Sie eine Glocke an der Türklinke. Gewarnt sein, heißt, gewappnet sein.

Sind Sie der Auffassung, es sei nicht richtig, Ihrem Kind die Kuscheligkeit Ihres Bettes vorzuenthalten, denken Sie daran, dass Sie ihm in Wahrheit beibringen, wie man einschläft – wie es seine Probleme selbst lösen und sich selbst trösten kann. Schließlich wachen wir bisweilen auch als Erwachsene nachts auf; wir müssen lernen, wie wir wieder ins Land der Träume zurückkommen. Lassen Sie zu, dass Ihr Kind jedes Mal, wenn es aufwacht, angelaufen kommt, wird dies den Zeitpunkt hinauszögern, zu dem es diese wesentliche Fertigkeit im Leben eines Menschen erlernt.

Der entscheidende Punkt: Es ist ja nicht so, dass Sie Ihr Kind nicht bei sich schlafen lassen wollen – mit anderen Worten: Sie möchten vermeiden, dass das Kind sich zurückgewiesen fühlt. Erklären Sie ihm vielmehr, dass Sie Ihr Recht auf ungestörten Schlaf in Ihrem eigenen Bett und ein bisschen Intimsphäre verteidigen.

Ausnahmen

Gewitter und Krankheit sind verständliche Versuchungen, diese Regeln außer Kraft zu setzen. Ganz gleich jedoch, wie tröstlich es in dieser einen Nacht ist, möglicherweise müssen Sie anschließend eine ganze Woche darauf verwenden, um das Kind wieder in richtige Bahnen zu bringen. Aber Sie können bei Ihrem Kind im Zimmer bleiben, bis das Unwetter vorbei ist oder das Fieber heruntergeht. Sorgen Sie nur dafür, dass das Kind weiß, dass Sie immer da sind, um es gegen Infektionen, atmosphärische Turbulenzen und das Monster zu verteidigen, das es sich im Kleiderschrank bequem gemacht hat.

Selbstverständlich wollen Sie nicht, dass Ihre Politik der Abgrenzung das morgendliche Kuscheln verhindert. Solange Ihre Kinder Sie nicht beim Schlafen oder in Ihrer Privatsphäre stören, ist dies eine gute Zeit, ihnen Zuwendung zu geben.

42 Bettnässen

DIE KÄLTE DER NACHT

Das Verhalten

Welche Eltern stehen schon gerne mitten in der Nacht mit einem Kopf voller Träume und verklebten Augen auf, um voll gepinkelte Bettwäsche zu wechseln? Auch bei Kindern von zehn oder elf Jahren kann es zu diesen nächtlichen Vorfällen kommen, die ihnen besonders peinlich sind, wenn sie bei einem Freund zu Hause übernachten.

Warum Kinder das tun

Das Wichtigste ist, sich klarzumachen, dass Kinder es praktisch nie aus Absicht tun. Es ist nicht ihre Schuld. Denken Sie einmal darüber nach: Wer würde sein warmes kuschliges Bett absichtlich in einen feuchtkalten Sumpf verwandeln?

Es gibt Theorien, nach denen Kinder, die bettnässen, tiefer schlafen als andere und einem ganz natürlichen Drang nachgeben. Andere Theorien schieben den Genen oder einer Schlafstörung die Schuld zu. Es könnte sich auch um ein medizinisches Problem handeln; deshalb sollten Sie mit Ihrem Hausarzt darüber sprechen.

Ihre Reaktion

Eltern bettnässender Kinder reagieren entweder mit Enttäuschung oder mit Verärgerung. Sie glauben, ihr Kind könnte doch aufstehen, um zur Toilette zu gehen, aber ist einfach zu faul dazu. Einige Eltern spielen sogar mit dem Gedanken, es wieder mit Windeln zu versuchen. Wie können Sie Ihrem Kind dabei helfen, die Nacht durchzustehen?

Ihre Strategie

Werden Sie nicht ärgerlich. Geben Sie Ihrem Kind zu verstehen, dass es sich nicht um eine große Sache handelt und dass es vorübergeht.

Was Sie zuerst versuchen sollten

Sie sollten sich klarmachen, dass Ihr Kind das nicht absichtlich tut. Weil es wirklich nichts gegen das Bettnässen machen kann, wecken Sie das Kind auf und setzen Sie es auf die Toilette, bevor Sie selbst zu Bett gehen. Die positive Seite: Kinder sehen so süß aus, wenn sie noch halb im Schlaf sind.

Praktische Tipps

Begrenzen Sie die Flüssigkeitsmenge, die das Kind trinkt, bevor es ins Bett geht, und beginnen Sie damit direkt nach dem Abendessen.

Wenn Ihr Kind vier Jahre oder älter ist, lassen Sie es Ihnen dabei helfen, die Bettwäsche zu wechseln und das Bettzeug in die Waschmaschine zu stopfen. Das wird Ihr Kind nicht davon abhalten, ins Bett zu machen, aber es hilft Ihnen dabei, eine gewisse Kontrolle über die Situation zu bekommen.

Schadensbegrenzung

Sie sind schlecht gelaunt, weil Sie im Schlaf gestört wurden, aber Sie sollten nicht vergessen, dass Bettnässen eine schwerwiegende negative Wirkung auf das Selbstwertgefühl Ihres Kindes haben kann. Seien Sie nett zu ihm: Das Kind meint, es sei etwas nicht in Ordnung mit ihm, und es fühlt sich, auch ohne dass Sie mit ihm schimpfen, schlecht genug. Es ist besonders bestürzend, wenn die kleineren Geschwister damit aufgehört haben. Um das Selbstwertgefühl Ihres Kindes aufzubauen, sollten Sie wie folgt vorgehen:

- Seien Sie aufmunternd: «Ich weiß ja, dass du versuchst, nicht ins Bett zu machen.»
- Machen Sie keine allzu ernste Sache daraus. Nehmen Sie es locker.
- Geben Sie Ihrem Kind zu verstehen, dass das Bettnässen mit der Zeit vorbeigehen wird.

Der entscheidende Punkt: Die gute Botschaft lautet, dass das Bettnässen in nahezu allen Fällen bei Jugendlichen vorüber ist.

43 Das Kind will nicht schlafen

«DAS SANDMÄNNCHEN IST DOOF!»

Das Verhalten

Der Tag ist zu Ende. Sie sind erschöpft, und Ihr Kind auch; doch nachdem Sie es ins Bett gebracht haben, hat es noch genügend Energie, um in der Gegend herumzulaufen. Das passiert immer, wenn Sie am anfälligsten sind. Gerade sind Sie dankbar im Sofa versunken und glauben, dass die Arbeit für diesen Tag getan ist, da taucht am Treppenabsatz ein spitzbübisch grinsendes Kind auf. Andere Kinder bitten immer wieder um ein Glas Wasser oder um ein Wort der Beruhigung oder weigern sich partout, ins Bett zu gehen.

Warum Kinder das tun

Wenn Ihr Kind Sie um ein Glas Wasser bittet oder dazu verleitet, es durch das Haus zu jagen und es wieder ins Bett zu legen, ist das eine großartige Methode, um Ihre Aufmerksamkeit zu bekommen. Zum andern kann ein Kind, das sich weigert, ins Bett zu gehen, oder immer wieder aufsteht, auch Interesse an einem Machtkampf haben.

Ihre Reaktion

Sie haben alles ausprobiert, von netten ruhigen Argumenten bis zu lauten Drohungen, aber nichts wirkt. Der Abend wird alles andere als erholsam.

Ihre Strategie

Es ist eine Tatsache, dass Kinder Gewohnheiten mögen. Sie fühlen sich dann sicher und beschützt. Entwickeln Sie also Gewohnheiten fürs Schlafengehen und behalten Sie sie bei.

Was Sie zuerst versuchen sollten

Einigen Sie sich auf eine Prozedur zur Schlafenszeit (bei Kindern unter fünf Jahren werden Sie sich selbst etwas ausdenken müssen). Entscheiden Sie gemeinsam darüber, wann Sie mit dem Baden anfangen, eine Geschichte vorlesen und das Licht ausmachen. Sagen wir, Schlafenszeit ist um acht Uhr. Fangen Sie um Viertel nach sieben mit dem Baden an und sagen Sie, alles sei bereit. Sie müssen nicht den Feldwebel herauskehren, seien Sie nur konsequent. Wenn das Kind herumtrödelt und nicht ins Badezimmer kommt, dann ergibt sich daraus folgerichtig, dass es nicht baden darf. Wiederholen Sie die Einladung nicht, schimpfen oder drohen Sie auch nicht. Gehen Sie einfach beherzt zur nächsten Stufe der Prozedur über. Sie haben vielleicht fünfzehn Minuten für die Gute-Nacht-Geschichte angesetzt. Wenn Ihr Kind weiter trödelt, wird an diesem Abend die Fortsetzung von «Pippi Langstrumpf» ausfallen. Dasselbe gilt für die heiligste aller Kindermahlzeiten – das Betthupferl. Punkt acht Uhr werden die Kinder ins Bett gelegt und das Licht ausgeknipst, ganz gleich, an welchem Abschnitt der Prozedur die Kinder angelangt sind. Es kann eine Weile dauern, bis ein Kind sich daran gewöhnt; planen Sie also ein paar Abende ein, an denen es beleidigt ist und das gar nicht glauben kann. Möglicherweise müssen Sie Ihr Kind auch in seiner Kleidung schlafen lassen. Der Trick besteht darin, dass man vermeidet, sich von den genialen Verzögerungstaktiken des Kindes umgarnen zu lassen. Sobald es erkennt, dass Sie nicht zwei Stunden damit verbringen wollen, es ins Bett zu bringen, wird es eher dazu bereit sein, sich an die Routine zu halten. Danach wird der Abend wieder Ihnen gehören.

Praktische Tipps

Der Schlüssel zum Glück besteht in diesem Fall darin, freundlich, aber bestimmt zu sein. Geben Sie dem Kind zu verstehen, was es von Ihnen erwarten kann. Wenn es gern um ein Glas Wasser bittet, nachdem Sie es hingelegt haben, stellen Sie vorher Wasser in sein Zimmer. Machen Sie deutlich, dass Sie nach acht Uhr wie ans Sofa festgenagelt sind und ihm ganz offensichtlich nicht helfen können (wenn nicht gerade das Haus abbrennt). Ein kleines Kind brüllt sich vielleicht sogar ein oder zwei Nächte in den Schlaf; aber bleiben Sie konsequent, und lassen Sie sich nicht beirren.

Das Macht-Kind

Argumentieren Sie nie mit einem Kind, das auf Macht aus ist: Genau das will es erreichen. Wenden Sie stattdessen eine der beiden folgenden Methoden an:

1. Wenn Ihr Kind die Treppe herunterkommt, verhalten Sie sich so, als wäre es unsichtbar. Sehen Sie fern, lesen Sie ein Buch und sprechen Sie mit Ihrem Mann, aber ignorieren Sie das Kind. Das nimmt ihm den Spaß an der Sache. Es kommt für das Kind nichts dabei heraus, weil es gekommen ist, um Streit zu suchen; und Sie sind nicht darauf eingegangen.

Klettert Ihr Kind auf Sie drauf oder wirft es mit Gegenständen nach Ihnen, um Ihre Aufmerksamkeit zu ergattern, gehen Sie mit einem guten Buch auf die Toilette und verschließen Sie die Tür. Am Ende wird es dem Kind langweilig werden und es geht ins Bett (Sie wissen, dass es müde ist, auch wenn es dies nicht weiß).

2. Lassen Sie dem Kind die Wahl: Entweder es kann bei geöffneter Tür und bei Licht im Flur in seinem Zimmer bleiben, oder – wenn es immer wieder herauskommt – Sie werden die Tür schließen. Die meisten Kinder ziehen die geöffnete Tür vor. Das Kind kann lesen oder singen oder mit seinen Puppen spielen, wenn es will, solange es in seinem Zimmer bleibt.

Draußen in der Öffentlichkeit

44 Das ewige «Gib mir ...»

DAS BETTELNDE KIND

Das Verhalten

Es geht so weit, dass Sie keinen Liter Milch kaufen können, ohne dass Ihr Kind den halben Ständer mit den Süßigkeiten haben will und Sie nach einer kurzen Abwesenheit ohne ein Spielzeug gar nicht erst nach Hause kommen dürfen.

Warum Kinder das tun

Wir leben in einer Kultur, in der Waren eine wichtige Rolle spielen. Wir sind umgeben von allen möglichen wunderbaren Produkten, und die Werbefachleute ermuntern uns dazu, sie haben zu wollen, ja sie zu brauchen. Kinder sind besonders empfänglich für solche Reize. Wenn sie vom Fernseher fortwanken, haben sie nur die neuesten Spielzeuge im Kopf und werden Ihnen damit in den Ohren liegen. Ein Kind kann sich – für eine äußerst kurze Zeit – so sehr nach einem Stift mit einem Radiergummi in Raumschiffform sehnen, wie Sie sich nach einem Mercedes sehnen. Kinder haben auch keine Vorstellung davon, was die Dinge kosten, die sie haben wollen. Erfüllen Sie Ihrem Kind alle Wünsche, glaubt es: «Das Leben ist großartig. Ich muss nur ein bisschen jammern und etwas Wirbel machen.

Und schon bekomme ich, was ich will. Selbst wenn ich es nicht sofort bekomme, am Ende geben meine Eltern doch nach und kaufen es mir.»

Ihre Reaktion

Heutzutage lassen viele Eltern ihre Kinder das haben, worum sie bitten. Das liegt daran, dass viele von uns – vor allem berufstätige Eltern, die Schuldgefühle haben, weil sie nicht genug Zeit mit ihren Kindern verbringen – zu sehr damit beschäftigt sind, ihre Kinder glücklich zu machen. Wir wollen die Welt für sie kaufen und können es nicht ertragen, mit anzusehen, dass ihnen noch etwas fehlt. Es ist doch eine tragische Ironie, dass wir unsere Kinder möglicherweise unglücklich machen, indem wir sie verwöhnen: Es ist nämlich schwer, zufrieden zu sein, wenn einem alles in den Schoß fällt. Ein Kind hat Spaß daran, etwas zu bekommen (das ist nur vorübergehend), und es verwandelt sich in eine Nervensäge, die sich nur auf die nächste «Bestechung» freut.

Wir alle mögen materielle Dinge; aber wie können wir unsere Kinder dazu erziehen, gegenüber der in immer stärkerem Maße materiell ausgerichteten Welt die Selbstbeherrschung zu behalten?

Ihre Strategie

Rufen Sie sich immer wieder in Erinnerung, dass Kinder, die weniger bekommen, mehr Spaß an etwas haben.

Was Sie zuerst versuchen sollten

Schaffen Sie eine häusliche Umwelt, in der Ideen und der Charakter wichtiger sind als Besitztümer, in der Dinge ebenso häufig selbst hergestellt wie gekauft werden und in der es genauso wichtig ist, etwas zu schenken, wie ein Geschenk zu bekommen.

Praktische Tipps

Bringen Sie Ihrem Kind etwas über den Wert des Geldes bei und darüber, wie man es gut einteilt. Geben Sie ihm ein Taschengeld (siehe Kapitel 25 zu Geldangelegenheiten). Lassen Sie Ihr Kind auf etwas sparen, was es haben will, statt es ihm auf einem silbernen Tablett zu servieren. Lassen Sie das Kind die Erfahrungen machen, etwas nicht zu haben.

Sehen Sie sich gelegentlich gemeinsam mit Ihrem Kind Fernsehprogramme und Werbesendungen an (nicht die ganze Zeit über, sonst verderben Sie ihm das Vergnügen daran). Sprechen Sie mit dem Kind darüber, wie Werbesendungen die Menschen dahingehend manipulieren, bestimmte Dinge zu kaufen. Bringen Sie Ihrem Kind das Unterscheidungsvermögen und das Bewusstsein bei, das es brauchen wird, um zu verhindern, dass es zum willenlosen Konsumenten wird.

Bringen Sie Ihr Kind dazu, Geschenke und Karten für andere zu basteln, statt sie zu kaufen. Ermuntern Sie es dazu, Ihnen zur Abwechslung etwas zu geben. Geben ruft in uns ein gutes Gefühl hervor, aber man bittet Kinder nur selten darum, es zu tun.

Spenden Sie etwas für wohltätige Zwecke. Übernehmen Sie die Patenschaft für einen Flüchtling oder für ein armes Kind in einem Entwicklungsland. Bringen Sie die Kinder dazu, in der Adventszeit für UNICEF zu sammeln, dabei mitzuhelfen, dass zur Unterstützung Obdachloser gespendet wird, oder von ihrem überzähligen Spielzeug etwas an bedürftige Kinder abzugeben.

Seien Sie ein Vorbild für Ihre Kinder. Achten Sie einmal darauf, wo Sie selbst an materiellen Dingen hängen. Wenn Sie sich ständig selbst Geschenke machen, um sich aufzumuntern, warum sollten Ihre Kinder dann nicht dasselbe tun? Schneiden Sie stattdessen ein Paar alte Hosen ab, um Shorts daraus zu machen. Lassen Sie Ihre Kinder dabei zusehen, wie Sie etwas wieder verwenden oder auf etwas verzichten.

Machen Sie aus neuen Sachen keine großartige Angelegenheit: «Oh, du siehst so toll aus in deinem neuen Adidas-Sweatshirt!» Das lässt in Ihrem Kind eine nicht zu befriedigende Sehnsucht nach etwas Neuem aufkommen, so als könnte Kleidung schlecht werden. Sagen Sie bei modischen Turnschuhen für 550 Mark, dass jetzt Schluß sei. Machen Sie selbst keine große Sache daraus, von welcher Firma Ihre Kleidung ist. Manche Kinder wollen nur Sachen von einer bestimmten Marke tragen; dies ist ein sicheres Anzeichen dafür, dass sie im materiellen Denken bereits ziemlich fortgeschritten sind.

Der entscheidende Punkt: Sorgen Sie selbst dafür, dass Sie Spaß haben! Wie jeder weiß, der während der Weltwirtschaftskrise gelebt hat, ist man um so kreativer, je weniger man hat. Kaufen Sie Ihrer Tochter Barbiepuppen, wenn es unbedingt sein muss, aber schlagen Sie vor, dass sie sich selbst ihre eigenen Barbiekleider und -accessoires anfertigt. Geben Sie Ihrem Kind eine ganze Kiste voller Pappröhren, Stoffreste, Papier, Farbe und Kleber, damit es sich seine eigenen Handpuppen basteln kann. Besorgen Sie eine große Pappkiste (beispielsweise von einem Kühlschrank), die man als Puppentheater verwenden kann. Eigentlich ist ein riesiger Karton das großartigste Spielzeug, das je erfunden wurde.

45 Wutanfälle in der Öffentlichkeit

EIN SCHAUSPIEL IM EINKAUFSZENTRUM

Das Verhalten

Welche Eltern waren noch nie dieser Erniedrigung ausgesetzt: Ihr Kind bekommt in einem Supermarkt (oder auf dem Parkplatz oder dem Bürgersteig) einen Wutanfall. Aus ganzem Herzen schreiend und mit rot angelaufenem Gesicht weigert sich der kleine Liebling, sich von der Stelle zu bewegen, rennt außer Sichtweite oder wirft sich aufs Pflaster. Wenn das Kind wirklich gut ist, gelingt es ihm, eine Menschenmenge um sich zu versammeln. Und wie viele Essen in Restaurants sind schon von Zweijährigen, die verrückt spielen, zunichte gemacht worden – nicht nur Ihnen ist der Appetit vergangen, sondern dem gesamten Lokal.

Warum Kinder das tun

Wenn Ihr Kind aus einem Machtkampf wirklich als Sieger hervorgehen will, dann ist ein öffentlicher Ort am besten dafür geeignet. Sie sind dort am verwundbarsten, und Ihr Kind scheint das zu merken. Es gibt nur wenige gesellschaftlich akzeptierte Handlungsmöglichkeiten, die Ihnen offen stehen. Wenn Sie zurückschreien, stellen Sie sich dabei mit dem Kind auf eine Stufe.

Das Kind zu schlagen oder am Arm hinter sich her zu schleifen, ist eine körperliche Gewalt, und an den gesunden Menschenverstand zu appellieren, bewirkt rein gar nichts. Nein, lassen Sie uns den Tatsachen ins Auge sehen: Wenn Ihr Kind beschließt, die Karte des Wutanfalls in der Öffentlichkeit auszuspielen, und Sie nicht wissen, wie Sie damit umgehen sollen, dann sind Sie erledigt.

Ihre Reaktion

Es gibt nur drei Methoden, wie man einen Wutanfall in der Öffentlichkeit stoppen kann: Anwendung von verbaler und körperlicher Gewalt; den Kindern geben, wonach sie verlangen; oder sie mit nach Hause nehmen. Die meisten Eltern bedienen sich der ersten beiden Methoden, die aber nicht langfristig wirksam sind.

Ihre Strategie

Der Schlüssel zum Erfolg ist Vorbeugen: Ein Kind zu starken Reizen auszusetzen oder es mitzunehmen, wenn es müde ist, heißt, dass Sie den Ärger förmlich provozieren.

Was Sie zuerst versuchen sollten

Man kann nicht viel machen, wenn ein Drei- oder Vierjähriger mitten im Kaufhaus ausrastet und nach einem Schokoriegel zu schreien anfängt. Versuchen Sie es nicht mit leeren Drohungen – sie haben keine Wirkung. Dieses Kind will den Schokoriegel und ist bereit, eine heftige Auseinandersetzung vom Zaun zu brechen, um ihn zu bekommen. Lassen Sie ihm die Wahl: Entweder es ist Ruhe, oder Sie gehen. Wenn das Kind nicht aufhört, nehmen Sie es hoch, ohne ärgerlich zu werden (das ist das

Schwierige dabei), oder ergreifen Sie seinen Arm und bringen es nach Hause. Geben Sie Ihrem Kind zu verstehen, dass es nicht mehr mit Ihnen ausgehen darf, bis es sich in der Öffentlichkeit benehmen kann. Engagieren Sie das nächste Mal, wenn es sein muss, einen Babysitter oder bringen Sie das Kind zu Freunden. Am wichtigsten ist dabei, dass Sie das Kind dazu bekommen, Ihnen zu sagen, dass es bereit ist, es noch einmal zu versuchen. Sie sollten Ihren Glauben daran bewahren, dass es schon weiß, wann es dazu bereit ist.

Praktische Tipps

Der unangenehmste Ort für einen Wutanfall in der Öffentlichkeit ist ein Restaurant. Je kleiner ein Kind ist, desto schwerer fällt es ihm, zwei Stunden an einem Tisch zu sitzen und sich kooperativ zu verhalten. Bereiten Sie sich mit vielen kleinen Ablenkungen wie Heften zum Ausmalen darauf vor. Beziehen Sie das Kind immer in die Unterhaltung mit ein. Wählen Sie lebhafte Gaststätten aus – die Art von Lokal, wo man schreien muss, um gehört zu werden. Stellen Sie sicher, dass jeder Beteiligte vorher die Regeln kennt. Wenn das Kind total verrückt spielt, gehen Sie mit ihm zum Wohle aller Beteiligten nach draußen. Sie sollten sich geistig darauf vorbereiten, dass Sie Ihr vom Kellner eingepacktes Essen zu Hause aufessen, aber die Kinder werden etwas daraus lernen. Behalten Sie im Hinterkopf, dass auch das Kind eigentlich gar nicht vorzeitig gehen will. Wenn Sie konsequent bleiben und Ihr Kind das weiß, können Sie mit ihm ab einem Alter von sechs Jahren in Restaurants mit weißen Tischdecken und edlem Geschirr essen.

Vermeiden Sie es, Ihr Kind zu vielen Reizen auszusetzen. Obwohl Kinder Aufregung mögen, ist es doch erstaunlich, wie schnell sie ermüden, wenn sie überreizt sind. Um eine zu starke Anspannung zu vermeiden, sollten Sie nicht zu viele Ereignisse pro Ausflug einplanen. Eine Stunde im Einkaufszentrum reicht gewöhnlich für ganz kleine Kinder. Ganz sicher sollten Sie sie nicht durch zwei Einkaufszentren schleppen, um anschließend zu McDonald's und dann noch ins Kino zu gehen.

Bereiten Sie Ihr Kind darauf vor, in der Öffentlichkeit zu sein, indem Sie Regeln aufstellen: nicht herumrennen, nicht wegen irgendwelcher Dinge betteln und so weiter. Fragen Sie Ihr Kind, ob es sich das zutraut.

Vermeiden Sie Spontankäufe, wenn Ihr Kind dabei ist. Entscheiden Sie zusammen mit den Kindern darüber, was Sie einkaufen wollen, bevor Sie ins Geschäft gehen. Dadurch wird die Wahrscheinlichkeit geringer, dass ein Kind etwas verlangen wird und ausrastet, wenn es das nicht bekommt.

Lassen Sie das Kind die Rolle des Helfers übernehmen. Bringen Sie es dazu, dass es Ihnen hilft, das Gemüse in die Tüte zu füllen, oder spielen Sie «Wer findet das Regal mit den Nudeln?». Fragen Sie Ihr Kind im Kaufhaus, ob Oma seiner Meinung nach Strumpfhosen in dieser Farbe mag. Das funktioniert besonders gut bei Kindern, die Ihre Aufmerksamkeit haben wollen; denn auf diese Weise bekommen sie Ihre ungeteilte Aufmerksamkeit.

Der entscheidende Punkt: Geben Sie nicht nach, nur um Ihr Kind ruhig zu halten; sonst verstärken Sie damit sein Fehlverhalten. Das ist das Schwierigste dabei; aber Kinder bekommen mit, dass Eltern sich in der Öffentlichkeit anders verhalten, und sind schlau genug, dies zu ihrem Vorteil zu nutzen.

46 Autofahrten

«SIND WIR ENDLICH DA?»

Das Verhalten

O ja, es gibt nichts, was mit der Situation beim Autofahren
vergleichbar wäre: Die ganze Familie wird sieben oder acht
Stunden lang in einem winzig kleinen Raum eingeschlossen.
Kinder, die es im Unterschied zu ihren Eltern nicht gelernt haben, stillzusitzen und sich Gedanken über etwas zu machen,
fühlen sich während langer Autofahrten gelangweilt und ein-
gepfercht. Scheinbar schrumpfen auch ihre Blasen auf geheim-
nisvolle Weise, daher jammern und zappeln sie und fragen alle
fünf Minuten, ob sie auf die Toilette gehen können. Das Streiten, Zanken und wilde Spielen, das normalerweise draußen
oder in einem anderen Zimmer des Hauses stattfindet, geht
hinter Ihrem Nacken vor sich, während Sie den Wagen mit 100
km pro Stunde durch die Landschaft lenken. Beleidigungen
und Safttüten rauschen an Ihrem Kopf vorbei.

Warum Kinder das tun

Weil Kinder im Augenblick leben, verstehen sie abstrakte
Begriffe wie «später» nicht so recht. Als Folge davon fehlt es
ihnen manchmal an Geduld. Sie können sich keine Vorstel-

lung davon machen, was es heißt, an einem Ziel anzukommen; deshalb fühlen sie sich eingesperrt. Um sich zu beschäftigen, haben sie nichts außer ihrer grenzenlosen und rastlosen Energie.

Ihre Reaktion

Man ist leicht gereizt, wenn man gleichzeitig versucht, die Kinder zur Räson zu bringen und Auto zu fahren. Schlimmer noch, Sie konzentrieren sich nur halb so gut auf die Straße. Spielen Kinder im Auto verrückt, ist das nicht nur ärgerlich, sondern auch gefährlich.

Ihre Strategie

Halten Sie mit dem Wagen an und weigern Sie sich weiterzufahren, bis sich alle beruhigt haben und sich zumindest entfernt wie zivilisierte Menschen benehmen.

Was Sie zuerst versuchen sollten

Hören Sie auf, den Kindern zu sagen, was sie tun sollen, und fangen Sie an, ihnen zu sagen, was Sie selbst tun werden. Das Schöne an diesem Ansatz ist, dass Sie konsequent bleiben, während gleichzeitig die Kinder die Schuldigen sind. Es handelt sich um die klassische «Ich»-Botschaft. Eine davon ist besser als zehn Ermahnungen wie «Hör auf, so laut herumzuschreien» oder «Beruhigt euch da hinten».

Sie können es Ihren Kindern entweder vorher sagen – «Ich möchte keinen Unfall bauen; deshalb werde ich anhalten, bis ich gefahrlos weiterfahren kann» – oder einfach auf den Seitenstreifen fahren (das ist die beste Reaktion, wenn Kinder ihren Sicherheitsgurt lösen). Kinder sind klug; sie werden schon wissen, warum Sie anhalten. Guter Tipp: Planen Sie dieses Manöver ein. Es ist wirklich hilfreich, wenn Sie zu einem Ziel fahren, von dem die Kinder begeistert sind, wie zum Zoo oder zu Freunden. Vorsicht: Reißen Sie nicht einfach das Steuerrad herum und halten Sie an. Achten Sie darauf, wo Sie rechts heranfahren. Nehmen Sie die nächste Autobahnausfahrt oder fahren Sie auf den Parkplatz.

Praktische Tipps

Den ersten Krach gibt es gewöhnlich, wenn es darum geht, wer vorn oder wer am Fenster sitzt. Verhindern Sie das, indem Sie vorher – etwa bei der Familienkonferenz – entscheiden, wer wo sitzt. Vielleicht können sich die Kinder eine rotierende Sitzordnung ausdenken. Nehmen Sie so lange keinen von ihnen mehr mit, bis sich alle auf etwas geeinigt haben. Lassen Sie sich genügend Zeit, damit die Kinder Platzverteilungen aushandeln können, ohne sich gedrängt zu fühlen. Und denken Sie immer daran: Es liegt in der Verantwortung der Kinder, das zu tun, nicht in Ihrer.

Mutter oder Vater zu sein, heißt, dass man Fahrbereitschaft für die Kinder hat. Sie können bei den Kindern anderer Leute dieselbe Technik einsetzen (sich weigern weiterzufahren, bis sich der Sturm gelegt hat), aber denken Sie daran, den Eltern zu sagen, was Sie da machen und dass Sie möglicherweise etwas später kommen werden.

Hilfreiche Hinweise: Um die Kinder davon abzuhalten, während langer Autofahrten kratzbürstig zu werden, sollte man besonderen Wert auf Planung legen:

- Machen Sie sich klar, dass bei Ihren Kindern die Schwelle zur Langeweile niedrig ist. Halten Sie daher oft an und wählen Sie eine interessante Route aus. Gehen Sie davon aus, dass eine achtstündige Fahrt mit Kindern zehn Stunden dauert.

- Nehmen Sie Spiele mit wie transportable Videospiele, Spielzeug und Puppen.
- Nehmen Sie Bücher und Tonkassetten mit, vor allem so genannte Hörbücher.
- Nehmen Sie Butterbrote, einen kleinen Imbiss und Wasser zum Trinken mit (verschüttetes Wasser ist kein Problem, Saft und Milch dagegen können die Polsterung mit einer gummiartigen Schicht überziehen).
- Spielen Sie klassische Reisespiele, die schon seit Jahrzehnten Kinder von Punkt A zu Punkt B begleitet haben; singen Sie Lieder wie «Auf der Mauer, auf der Lauer sitzt 'ne kleine Wanze» oder «Findet einen Wagen mit einem Dachgepäckträger» (oder einem ausländischen Kennzeichen usw.).

Jenseits der Kernfamilie

47 Die Großeltern

WENN DIE ENKEL VERWÖHNT WERDEN

Das Verhalten

Wie oft haben Sie das schon gehört: «Es ist die Pflicht der Großeltern, ihre Enkel zu verwöhnen.»

Zweifellos mögen Ihre Eltern Ihre Kinder. Die Probleme beginnen da, wo sie versuchen, mehr zu machen, als nur in ihre
Enkel vernarrt zu sein. Manche Großeltern kritisieren die Art
und Weise, wie Sie Ihre Kinder erziehen: «Wir haben dich nicht
so erzogen, und du hast dich doch auch ganz gut entwickelt.»
Oder Sie ernten Kommentare über die Art, wie Sie Ihr Kind anziehen. Wenn die Großeltern Ihnen mit Klischees zu den Geschlechterrollen kommen («Johannes wird später Arzt werden,
und Susi wird Krankenschwester»), können Sie nur schwer an
sich halten. Oma und Opa stopfen Ihr Kind mit Zucker voll und
kaufen ihm alles, was es will. Sie haben Jahre damit zugebracht,
dem Kind beizubringen, was richtig und was falsch ist, haben
sorgsam die Konsequenzen ausgewählt und versuchen selbst konsequent zu sein; dann kommen Ihre Eltern und machen an einem einzigen Wochenende, an dem das Kind lange aufbleiben
darf und Zuckerwatte bekommt, die gesamte Erziehung zunichte. Nichts davon ist überraschend: Bringen Sie drei verschiedene
Generationen zusammen, und es gibt genügend Konflikte, um
ein ganzes Team von Psychotherapeuten zu beschäftigen.

Warum Großeltern das tun

Sie haben Spaß daran, genau das ist der Grund dafür. Sie machen sich daran, ihre Lieblingsenkel zu verwöhnen, ohne die Konsequenzen bedenken zu müssen. Und nachdem sie sich von Ihnen jahrzehntelang jeden Quatsch gefallen gelassen haben, meinen sie wahrscheinlich, dass sie Fachleute auf diesem Gebiet sind und imstande sein sollten, Ihnen zu sagen, wie Sie Ihre Kinder erziehen müssen.

Ihre Reaktion

Sie haben den festen Willen, dass Ihre Kinder eine gute Beziehung zu Ihren eigenen Eltern haben sollen, aber die Spannung wird unerträglich.

Ihre Strategie

Sie können letztlich nicht kontrollieren, welche Beziehung Ihre Eltern zu Ihren Kindern haben. Also sollten Sie sich lieber um Ihre eigenen Dinge kümmern.

Was Sie zuerst versuchen sollten

Ziehen Sie sich ein bisschen zurück. Ein Kind will und hat Anspruch auf eine Beziehung zu seinen Großeltern. Sie müssen sich klarmachen, dass es eben darum geht – um seine Beziehung. Vertrauen Sie darauf, dass Ihr Kind mit allem (außer mit wirklichem Missbrauch) fertig werden kann, ohne ständig unter Ihre Fittiche genommen zu werden. Tatsächlich können Ihre Kinder wahrscheinlich mehr einstecken, über mehr hinwegsehen und mehr vergeben als Sie.

Hilfreicher Hinweis: Wenn die Belastung zu groß wird, sollten Sie mit den Kindern seltener zu ihren Großeltern gehen. Verbringen Sie mehr Zeit mit anderen Menschen, so dass der Einfluss auf Ihre Kinder geringer wird.

Praktische Tipps

Richten Sie Ihr Augenmerk einmal auf Ihre eigenen Beweggründe. Machen Sie sich klar, dass Sie vielleicht Ihren Eltern gegenüber allzu kritisch sind. Möglicherweise spielen Sie immer noch das alte Spiel um die Macht und ziehen Ihr Kind mit hinein. Manchmal kann man von einem anderen Ansatz etwas lernen. Abgesehen davon sind Großeltern, die sich mit einem Kind verbunden fühlen, fast immer eine Bereicherung für sein Leben.

Sehen Sie der Tatsache ins Auge, dass Sie die Einstellung Ihrer Eltern zu Erziehungsfragen nicht unbedingt leichter ändern werden als diese Ihre eigene Einstellung. Wenn Sie das akzeptiert haben, sollten Sie mit Ihren Eltern, wenn sie überhaupt ein offenes Ohr dafür haben, über die Probleme zu sprechen versuchen.

Noch ein wichtiger Tipp: Wenn Sie Ihre Vorstellungen zur Kindererziehung erläutern, versuchen Sie zu vermeiden, durch die Blume zu sagen, dass Sie es anders als Ihre Eltern machen wollen, weil sie Ihre Erziehung gründlich vermasselt haben. Wenn die Großeltern ausgesprochen aufgeschlossen sind, nehmen Sie sie zu einer Elterngruppe mit und geben Sie ihnen ein oder zwei Bücher zu Erziehungsfragen zum Lesen.

48 Die Nachbarn

DAS FEINDESLAND
HINTERM GARTENZAUN

Das Verhalten

Verbinden Sie irgendetwas mit dem Wort «Fehde»? Außer durch sehr laute Heavy-Metal-Musik kann man durch nichts so aneinander geraten wie durch Kinder. Ihre Kinder können den Mann von nebenan dadurch ärgern, dass sie zu viele Fragen stellen oder dass sie sich an seinen Azaleen vergehen. Und manche Nachbarn scheinen zu denken, dass es in Ordnung ist, wenn sie Ihre Kinder zurechtweisen, wohingegen Sie sich wünschen, Sie könnten deren eigene Kinder in die Schranken weisen.

Warum Kinder das tun

Die Beziehung zwischen Nachbarn und Kindern ist heikel. Die Leute, die nebenan wohnen, sind fast nie Fremde, und sie können Ihnen genau genommen recht nahe sein. Aber sie gehören nicht zur Familie. Der ständige oberflächliche Umgang miteinander kann zu Reibungen führen, wenn die Grundregeln nicht klar feststehen.

Ihre Reaktion

Sie sind hin und her gerissen zwischen Ihrem Wunsch, Ihre Kinder zu beschützen, und der Verlegenheit, die in Ihnen aufsteigt, wenn die Kinder jemanden ärgern. Oder die Nachbarskinder sind das Problem, und Sie fragen sich, ob man sie nicht in ein Erziehungsheim stecken könnte. Sich mit den Kindern anderer Leute über den Gartenzaun hinweg auseinander zu setzen kann, eine vertrackte Sache sein. Aber was soll ein guter Nachbar machen, wenn er nicht wegziehen will?

Ihre Strategie

Bringen Sie Ihren Kindern bei, rücksichtsvolle Nachbarn zu sein. Wenn die Kinder von nebenan in Ihr Haus kommen, dann geben Sie ihnen zu verstehen, dass sie sich jetzt an Ihre Regeln zu halten haben.

Was Sie zuerst versuchen sollten

Nach ihrer engeren Familie sind die Nachbarn in der Regel die wichtigsten Personen im Leben der Kinder außerhalb des Hauses. Es ist wichtig, dass sie mit ihnen zurechtkommen. Das heißt, dass jeder lernen muss, Kompromisse einzugehen. Obwohl es natürlich gut ist zu wissen, was da vor sich geht, sollte man versuchen, sich herauszuhalten, es sei denn, Sie haben den Verdacht, dass sich dort irgendeine Art von Missbrauch abspielt. Lassen Sie Ihre Kinder mit all ihren Problemen selbst ins Reine kommen. Manche Eltern mischen sich zu sehr ins Leben ihrer Kinder ein. Abgesehen davon bietet, diese Art von Problemen eine großartige Gelegenheit zu lernen, wie man mit Menschen zurechtkommt – wenn Sie bereit sind, den Dingen ihren Lauf zu lassen. Bekommen Ihre lieben Kleinen beim Nachbarn zeitweise Hausverbot, lassen Sie sie die Konsequen-

zen tragen. Ihre Kinder müssen lernen, die Regeln zu respektie-
ren, die in anderen Häusern gelten. Ohne jedes Mal, wenn es zu
einer Meinungsverschiedenheit kommt, ihre Partei zu ergreifen,
sollten Sie den Kindern beibringen, für ihre eigenen Interessen
einzutreten. Werden die Streitigkeiten jedoch zu einem chro-
nischen Zustand, ist es an der Zeit, sich zu einem Gespräch zu-
sammenzusetzen.

Praktische Tipps

Sprechen Sie mit Ihren Kindern (dabei sollten Sie ihnen zu verstehen geben, dass Sie wirklich zuhören), um herauszufinden,
wo das Problem liegt, und einige mögliche Lösungsansätze aus-
zuloten. Laden Sie dann die Nachbarn zusammen mit ihren
Kindern zu sich ein. Dabei kommt es auf den richtigen Zeitpunkt an. Versuchen Sie nicht zu reden, wenn Ihr Nachbar
noch vor Ärger kocht. Lassen Sie ihn erst einmal ruhiger werden; aber warten Sie nicht zu lange, sonst setzt sich der Groll
fest. Hier ein paar Tipps, wie Sie ein solches Gespräch erfolgreich führen können:

Machen Sie das Gespräch nicht zu förmlich: Es könnte buchstäblich am Gartenzaun oder auf dem Rasen stattfinden.

Sorgen Sie dafür, dass es nicht zur Konfrontation kommt.
Schieben Sie dem Nachbarn nicht die Schuld zu, ganz gleichgültig, wie gerechtfertigt das sein mag («Ihr Kind hat schließlich
mein Kind verprügelt»). Fangen Sie einfach ein zivilisiertes Gespräch an: «Wir haben bemerkt, dass es da ein Problem gibt.
Möchten Sie darüber sprechen?» Lassen Sie sich nicht in Streitereien hineinziehen – schließlich muss hier doch jemand der
Erwachsene sein.

Wenn Sie erst einmal darin übereinstimmen, worin das Problem besteht, sollten Sie zu möglichen Lösungen übergehen. Sor-

gen Sie dafür, dass die Kinder am Brainstorming teilnehmen. Und behalten Sie im Hinterkopf, dass es bei jeder Sache immer einen anderen Standpunkt gibt.

Haben beide Familien Kinder, versuchen Sie, gemeinsame Prinzipien zu finden, nach denen sich ihr Umgang miteinander regeln lässt.

Noch ein Tipp: Bringen Sie den Nachbarskindern die in Ihrem Haus geltenden Regeln bei und sagen Sie ihnen, welche Konsequenzen drohen, wenn sie gebrochen werden. Beispielsweise: «Wenn du ständig auf die Beete trittst, musst du nach Hause gehen.»

49 Allein erziehende Eltern

WENN SCHULDGEFÜHLE NICHT AUSREICHEN

Das Verhalten

Viele Paare fragen sich, was sie täten, wenn einer von beiden nicht mehr da wäre, um bei der Erziehung der Kinder mitzuhelfen. Allein erziehende Eltern wissen, wie das ist. Zeit wird zu einem Gut, das wertvoller ist als Gold – Zeit, um auch nur annähernd ausreichenden Schlaf zu bekommen oder auszugehen oder um einfach nur einmal das Alleinsein bei einem entspannenden Bad zu genießen.

Und dann sind da die Schuldgefühle. Wenn allein erziehende Mütter berufstätig sind, versuchen sie oft beides zu sein, die perfekte Mutter und die Geschäftsfrau des Jahres. Sie machen sich Gedanken, ob sie ausreichend Zeit gemeinsam mit ihrem Kind verbringen. Sie fragen sich, ob sie ihr Kind genügend beaufsichtigen, und sie zucken zusammen, wenn sie daran denken, dass ihre Kinder von anderen Menschen großgezogen werden. Wenn Sie selbst geschieden sind, fühlen Sie sich möglicherweise in doppeltem Maße schuldig, weil Sie die Ursache dafür sind, dass Ihr Kind ohne einen zweiten Elternteil leben muss. Nach einem harten Tag, an dem Sie allein berufliche Aufgaben verrichtet haben, die zwei Leute schon anstrengend fänden, tut Ihnen Ihr Kind fast so Leid wie Sie selber. Sie brauchen Unterstützung.

Ihre Strategie

Widerstehen Sie der spontanen Regung, Ihr Kind aus Schuld-
gefühl zu verhätscheln.

Was Sie zuerst versuchen sollten

Bedauern Sie Ihr Kind nicht in übertriebener Weise, sodass
Sie ihm Kleinigkeiten kaufen, es zu sehr beschützen oder ihm
jede Freiheit lassen. Das erzeugt Selbstmitleid bei dem Kind
und fördert bestimmte Erwartungshaltungen: «Ich Armer! Ich
bin etwas Besonderes. Ich sollte alles tun können, was ich will,
und bekommen, was ich will.»

Praktische Tipps

Blicken Sie der Realität ins Auge. Sie und Ihre Kinder sind
zusammen in dieser Situation. Es ist gut für Sie – und sehr gut
für das Kind –, ihm das zu vermitteln, so dass es Ihnen etwas
von der Last abnehmen kann. Gewiss, das hört sich leicht an,
aber im wirklichen Leben ist das gar nicht so einfach zu bewerkstelligen. Unten finden Sie einige Tipps, wie Sie – anstatt sich
von den Belastungen erdrücken zu lassen – aus Ihrem Leben als
allein erziehender Elternteil eine positive Erfahrung machen
können.

Was Sie tun sollten

Entwickeln Sie Gewohnheiten und halten Sie sich daran. Solche
festen Abläufe sind effektiv und vermitteln einem Kind die
Rahmenvorstellungen, die es braucht. Lassen Sie nicht zu, dass
das Kind (oder Sie selbst) von der vereinbarten Vorgehensweise
abweicht, weil Sie sich schuldig fühlen.

Geben Sie Ihrem Kind – ohne sich als Märtyrer aufzuspielen – zu verstehen, dass Sie hart arbeiten müssen und seine Unterstützung brauchen. Die Eigenschaft, die man bei Kindern am ehesten übersieht, ist die, dass sie wirklich gerne helfen.

Setzen Sie regelmäßig eine Familienkonferenz an. Nutzen Sie diese Zeiten, um gemeinsam Probleme anzugehen und Regeln auszuarbeiten.

Achten Sie auf Anzeichen dafür, dass Sie kurz vor dem Zusammenbruch stehen. Um das zu vermeiden, sollten Sie sich etwas Zeit nehmen, ganz gleich, wie schwer das ist. Die Belastung, alles allein tun zu müssen, kann Sie dazu veranlassen, überzureagieren und schlechte Entscheidungen zu fällen. Legen Sie also den Telefonhörer daneben und sagen Sie Ihren Kindern, dass Sie ein langes heißes Bad nehmen und sie Sie eine ganze kostbare Stunde lang nicht stören sollen, wenn sie nicht gerade Rauch riechen oder Robert Redford vor der Tür steht. Gewöhnen Sie Ihre Kinder daran, dass Mami ein paar Mal in der Woche eine Stunde von der Bildfläche verschwindet. Funktioniert das nicht, probieren Sie einmal den nächsten Punkt.

Schaffen Sie sich eine erweiterte Familie aus Verwandten, Freunden, Babysittern, älteren Geschwistern, den Leuten in der Kindertagesstätte, anderen Müttern – aus lauter zuverlässigen Menschen, die etwas Schwung haben. Das Leben ist keine Einbahnstraße; achten Sie also darauf, dass auch Sie Ihren Freunden helfen. Bauen Sie zusammen mit anderen Müttern ein Tauschsystem auf. Sie könnten auch mit einer anderen allein erziehenden Frau zusammenziehen.

Treten Sie in Ihrem Stadtteil einer Gruppe allein erziehender Eltern bei, oder gründen Sie selbst eine solche Gruppe.

Wenn Sie anfangen, Ihr Kind als gewaltige Last zu empfinden, bitten Sie eine Familien- oder Erziehungsberatungsstelle um Hilfe.

Nehmen Sie an einem Kurs zu Erziehungsfragen teil. Ein Elternteil zu sein, ist die wichtigste Aufgabe, die ein Mensch je übernehmen wird. Erwerben Sie die Fähigkeiten, die man braucht, um das gut zu machen.

Stellen Sie eine Prioritätenliste auf. Das ist immer wichtig, doch allein erziehende Eltern brauchen es in stärkerem Maße als andere Menschen. Versuchen Sie nicht, vollkommen zu sein und alles zu schaffen. Vielleicht müssen Sie die Betten nicht unbedingt morgens machen. Denken Sie einmal darüber nach: Niemand leidet darunter, dass in einem Haus, das den ganzen Tag über leer steht, die Betten nicht gemacht sind. Konzentrieren Sie sich auf das, was wirklich wichtig ist.

Was Sie vermeiden sollten

Versuchen Sie nicht, die entgangene Zeit bei den Kindern durch kleine Köstlichkeiten und besondere Vorrechte wieder gutzumachen.

Erlauben Sie Ihrem Kind nicht, den Familientrott durcheinander zu bringen. Dem Satz «Ich möchte lange aufbleiben, damit ich dich noch sehe» kann man nur schwer widerstehen. Sie sollten das allerdings tun, denn Sie müssen es. Das Kind spielt mit Ihren Schuldgefühlen wie auf einer Klaviatur. Abgesehen davon braucht es seinen Schlaf.

Bedauern Sie Ihr Kind nicht, weil es nur ein Elternteil hat. Mitleid ist entmutigend und wird in ihm nur das Gefühl des Selbstmitleids aufkommen lassen.

Vorteile allein erziehender Eltern

Ob Sie es glauben oder nicht, Familien mit einem Elternteil können tatsächlich besser funktionieren als solche mit zwei Elternteilen. Und zwar aus folgenden Gründen:

- Bei allein erziehenden Eltern kann es eine sehr enge Beziehung zu den Kindern geben.
- Viele allein erziehende Mütter und Väter (und von ihnen gibt es immer mehr) sind so sehr beschäftigt, dass sie buchstäblich keine Zeit haben, das Kind mit Aufmerksamkeit zu überschütten. Daher kommt es nicht zur Verwöhnung, und als Folge davon wird das Kind unabhängiger.
- Viele Ehepartner streiten sich über Fragen der Kindererziehung. Sind Sie allein stehend, gilt das, was Sie sagen. Es ist leichter, konsequent zu bleiben, wenn es niemanden gibt, der Ihre Strategie durchkreuzt.
- Wenn Sie Ihr Kind nicht verhätschelt haben, wird es sich kräftig ins Zeug legen und mithelfen, weil es begreift, dass Ihre Situation an manchen Tagen mit der eines Hamsters in einem Tretrad vergleichbar ist.
- Sie haben eher das Gefühl, etwas erreicht zu haben, wenn Sie es geschafft haben, weil Sie gar nicht anders konnten.

50 Stiefeltern und Stieffamilien

ASCHENPUTTELS FLUCH

Das Verhalten

Das Entstehen einer Stieffamilie ist ein Vorgang voller Gefahren. Wenn man bedenkt, was alles schief gehen könnte, ist es erstaunlich, dass so viele es bewerkstelligen, dass sie funktioniert und häufig sogar gut. Ob die Lücke, die man ausfüllt, nun durch Tod oder durch Scheidung zustande kam – Ihr Eintritt in die Familie kann, wenn Sie nicht vorsichtig sind, so sein, als gerieten Sie in einen rotierenden Propeller. Zum einen könnte Ihr Stiefkind Sie nicht als Autorität anerkennen. Oder es könnte, bis Sie auf den Plan traten, Spaß daran gehabt haben, seine Mutter oder seinen Vater ganz für sich zu haben. Zum andern kann es sein, dass Sie das Kind – oder seine Angewohnheiten – nicht mögen. Eventuell geht es um halb zwölf Uhr ins Bett, Sie sind aber der Meinung, ein Siebenjähriger sollte gegen acht Uhr im Bett sein. Wenn Sie Ihre eigene Familie in die Beziehung mitbringen, mögen die Kinder Ihres neuen Partners Ihre eigenen Kinder vielleicht nicht, und dieses Gefühl kann auf Gegenseitigkeit beruhen.

Warum Kinder das tun

Die Familie ist der Fels in der Brandung, der uns vor einer sich immer wieder wandelnden, manchmal Furcht erregenden Welt beschützt. Kinder erleben es als einen starken Bruch, wenn sich die Familienkonstellation grundlegend verändert. Als neu hinzukommender Elternteil mögen Sie die besten Absichten haben, aber es besteht immer die Möglichkeit, dass Ihr Eintreffen als Invasion angesehen wird.

Ihre Reaktion

Sie versuchen, alles zu tun, damit es funktioniert; aber es ist schwer, eine Zurückweisung wegzustecken. Die Familie, bei der die Karten neu gemischt werden, ist so aufgeladen mit gegensätzlichen Emotionen und derartig konfliktreich, dass man das Gefühl bekommen kann, in einem Groschenroman zu leben. Die Frage lautet: Wie kommt man zu einem Happy End?

Ihre Strategie

Konzentrieren Sie sich auf die Konfliktlösung und auf kommunikative Fähigkeiten. Nie war die Institution der Familienkonferenz für das Familienglück so wichtig.

Was Sie zuerst versuchen sollten

Sie sollten sich oft mit der Familie zusammensetzen, aber erwarten Sie nicht, dass es sich um eine leichte Sache handelt. Um sich in eine neue Familie zu integrieren, braucht man dreierlei in starkem Maße: Geduld, Planung und Problemlösungsstrategien. Sie sollten mit den Zusammenkünften – an denen alle Betroffenen teilnehmen – bereits beginnen, bevor Sie einziehen. Sie können gar nicht zu viele dieser Treffen veranstalten. Sie werden dazu benötigt, die neuen Gewohnheiten im Einzelnen auszuarbeiten und eine Entscheidung darüber zu treffen, welche der alten Routinen beibehalten werden können (Tipp: Behalten Sie das bei, was die Kinder mögen). Platzen Sie nicht herein, und versuchen Sie nicht, das Rad neu zu erfinden. Müssen Sie Veränderungen herbeiführen, machen Sie es so taktvoll wie möglich. Nachdem die intensive erste Phase vorüber ist, sollten Sie diese Familienkonferenzen einmal die Woche abhalten, zum Wohl des Familienlebens.

Praktische Tipps

Überlassen Sie Ihren Stiefkindern so viel Kontrolle über die Situation wie möglich. Die Kinder haben wahrscheinlich das Gefühl, überrumpelt und hilflos zu sein. Wie würden Sie sich denn fühlen, wenn Ihr Kind plötzlich den Entschluss fasste, Sie zu verlassen und in eine andere Familie zu wechseln, oder ein weiteres Kind mitbrächte, ob Sie es nun mögen oder nicht? Versuchen Sie, die Sorgen und Probleme Ihrer Stiefkinder zu verstehen. Nehmen Sie sie ernst, und lassen Sie die Kinder wissen, dass Sie Verständnis für sie haben (siehe die Tipps zum Zuhören in Kapitel 5). So können sie das Gefühl entwickeln, eine Chance zu haben, Veränderungen vorzunehmen oder das gerade zu rücken, was sie als falsch ansehen.

Wenn Sie ein verstorbenes Elternteil ersetzen, sollten Sie nicht versuchen, seinen Platz einzunehmen. Ihre Aufgabe ist es, eine neue Beziehung zu dem Kind aufzubauen, die auf gegenseitiger Liebe und auf gegenseitiger Achtung beruht.

Entwickeln Sie Verständnis für die Interessen und Abneigungen Ihrer Stiefkinder – Schule, Hobbys, Filme und so weiter. Versuchen Sie, eine schöne Zeit mit ihnen zu verbringen. Aber lassen Sie sie das Tempo vorgeben. Sind die Kinder verärgert oder gehen sie auf Abstand, lassen Sie es zu. Bleiben Sie freundlich. Wenn Sie es nicht mit Gewalt versuchen, werden die Kinder am Ende die Erfahrung machen, dass es gar nicht so schlimm ist, wie sie gedacht haben.

LIEBE ALLEIN REICHT NICHT

Würde es ausreichen, unsere Kinder einfach nur zu lieben, hätte praktisch keine Familie Probleme. Leider reicht das nicht aus, und genau darum haben Sie dieses Buch gelesen. Die Liebe steht an erster Stelle, doch auf dieser Grundlage müssen die Fähigkeiten zur Konfliktlösung, zur Konsequenz, zur gegenseitigen Achtung, zur Geduld und die Fertigkeit, gut zuhören zu können, entwickelt werden. Gute Eltern zu sein; bedeutet, viel und hart daran zu arbeiten; aber das ist es auch wert.

Tatsächlich sind wir der Auffassung, dass es gesellschaftlichen Vorrang haben sollte, Eltern die Fähigkeiten beizubringen, die sie brauchen. Dies sollte auf die gleiche Weise geschehen, wie es heute bereits in Elternkursen zur Schwangerschaftsbegleitung üblich ist – als etwas völlig Selbstverständliches. Bis dahin sollten Sie noch mehr Bücher zu Erziehungsfragen lesen. Sprechen Sie mit Ihren Freunden über Ihre Probleme und über mögliche Lösungen. Und nehmen Sie vor allem an einem Kurs über Fragen der Erziehung teil. Gibt es an Ihrem Wohnort noch keine Elternkurse, regen Sie bei der Volkshochschule oder im Gesundheitsamt an, dass künftig solche Veranstaltungen angeboten werden. Das könnte das schönste Geschenk für Sie selbst und für die sein, die Sie so sehr lieben.